作者简介

李国庆 男，1980年出生，北京第二外国语学院英语学院副教授，博士，硕士生导师。已出版专著2部，发表核心期刊多篇。研究方向为美国社会与文化、联合国教科文组织研究，负责北京第二外国语学院联合国教科文组织研究中心的执行工作。

北京第二外国语学院
联合国教科文组织研究中心

本书受北京第二外国语学院
"联合国教科文组织研究中心"资助

李国庆◎著

联合国教科文组织运行机制研究

人民日报学术文库

人民日报出版社

图书在版编目（CIP）数据

联合国教科文组织运行机制研究／李国庆著.—北京：人民日报出版社，2017.2

ISBN 978-7-5115-4599-2

Ⅰ.①联… Ⅱ.①李… Ⅲ.①联合国教科文组织—研究 Ⅳ.①G113

中国版本图书馆 CIP 数据核字（2017）第 059556 号

书　　名：联合国教科文组织运行机制研究

著　　者：李国庆

出 版 人：董　伟

责任编辑：马苏娜

封面设计：中联学林

出版发行：人民日报出版社

社　　址：北京金台西路 2 号

邮政编码：100733

发行热线：（010）65369509　65369527　65369846　65363528

邮购热线：（010）65369530　65363527

编辑热线：（010）65369522

网　　址：www.peopledailypress.com

经　　销：新华书店

印　　刷：北京欣睿虹彩印刷有限公司

开　　本：710mm×1000mm　1/16

字　　数：172 千字

印　　张：14

印　　次：2017 年 5 月第 1 版　　2017 年 5 月第 1 次印刷

书　　号：ISBN 978-7-5115-4599-2

定　　价：68.00 元

前　言

　　本书是北京第二外国语学院联合国教科文组织研究中心的阶段性成果。首先有必要介绍一下北京第二外国语学院联合国教科文组织研究中心的相关情况。该中心是北京第二外国语学院为创办教育部区域与国别研究基地而按照该模式和机制，由北京第二外国语学院举办的区域与国别培育基地。中心挂靠在北京第二外国语学院英语学院开展研究和活动，是一个非实体的科研机构。

　　联合国教科文组织研究中心的建立服务于国家战略、社会发展和经济建设的需要，中心确立三个研究方向，即：（1）联合国教科文组织运行机制研究，重点关注联合国教科文组织运行中的困境与联合国教科文组织最新发展趋势研究；（2）中国作为发展中大国，如何更好地服务于联合国教科文组织，重点关注中国如何有效参与及实现联合国教科文组织的教育均衡战略及文化多元战略；（3）新形势下中国如何借用联合国教科文组织平台，更好地推动中国教科文的全球传播，通过符合需求的项目实践促进国际教育、文化多样性发展。

　　联合国教科文组织研究中心实施灵活的发展战略，通过多种形式、多种途径推进合作，吸收国内外联合国教科文组织研究的专业机构、社会团体和个人参与合作，吸引国际优质教育资源共同发展，不断提高中心的科研质量和效益。中心成立三年以来，已经先后与联合国教科文组织国际农村教育研究与培训中心、联合国教科文组织世界遗产培训与研究中心、北京外国语大学联合国与国际组织研究中心、北京语言大学联合国研究中心、中国新闻周刊、南京大学－约翰斯·霍普金斯大学中美文化研究中心等机构建立了广泛的合作与联系。联合国教科文组织研究中心为国内外联合国教科文组织研究的专家、学者提供开放式平台，并吸纳了一批专职和兼职研究人员，力图经过几年建设，逐步发展成为一所国内具有重要影响的联合国教科文组织研究专业机构，并陆续出版一批系列性研究成果。

本书是联合国教科文组织研究中心的系列研究成果之一。李国庆负责本书组织、构思、校正统稿并撰写前言和绪论部分，黄爽负责统筹和绪论部分，刘桂芳负责第一章，徐静负责第二章，庞彬彬负责第三章，张梓涵、任晶晶负责第四章，冯潇雪负责第五章，刘梦妍负责第六章，张建侠负责第七章。

本书能够得以出版要感谢北京第二外国语学院联合国教科文组织研究中心、北京第二外国语学院科研处、北京第二外国语学院英语学院的大力支持，人民日报出版社对本书的出版给予了大量的帮助，一并表示谢意。

国际组织尤其是联合国教科文组织的研究一直是学术界的冷门，可供参考的前期成果有限，加之本书著者能力有限，存在不足之处，也恳请专家读者不吝赐教。

著　者

2017 年 1 月

目　录
CONTENTS

绪　论

　　联合国教科文组织于 1946 年 11 月 6 日成立，总部设在法国巴黎。其宗旨是促进教育、科学及文化方面的国际合作，以利于各国人民之间的相互了解，维护世界和平。该组织刚成立时，它的活动领域主要在欧洲，为战后重建欧洲的文化教育提供服务。20 世纪 50 年代中期以后，随着苏联、东欧国家的加入，打开了东西方"文化对话"的渠道。60 年代，大批新独立的国家纷纷加入该组织，使它跨入了一个意义深远的历史新阶段，其活动发生了巨大变化，增加了诸如扫盲计划、反对种族主义和种族隔离等方面的内容。进入 70、80 年代，该组织顺应时代的潮流，积极促进发展中国家的发展，主张改革不合理的国际经济秩序，开展全球性的科研活动等等，为此它做了大量工作，其成就有目共睹。截至 90 年代初，该组织有 159 个会员国，3 个准会员国，其中 2/3 是发展中国家，并与 500 多个非政府国际组织保持密切联系。

　　中国是联合国教科文组织创始国之一。1971 年 10 月，我国的合法席位得到恢复。1979 年 2 月，中国联合国教科文组织全国委员会正式成立，这标志着中国与该组织的合作日益深入，进入了一个全面发展的阶段。在 21 世纪更是进入了一个继往开来的崭新阶段。尤其是两个标志性事件，第一，2013 年中国教育部副部长、中国联合国教科文组织全国委员会主任、教科文组织执委郝平在联合国教科文组织第 37 届大会上被选为大会主席，任期两年。这是该组织历史上首次选举中国代表担任大会主席；第二，2016 年 3 月 27 日，中国国家主席习近平在巴黎联合国教科文组织总部发表重要演讲，全面深刻阐述对文明交流互鉴的看法和主张，强调应该推动不同文明相互尊重、和谐共处，让文明交流互鉴成为增进各国人民友谊的桥梁、推动人类社会进步的动力、维护世界和平的纽带。习主席的讲话赢得了国际社会的高度评价，也引起了国内学术界人士的热议。同时，当代中国的和平崛起实际上提出了一个如何通过发挥中国文化的软力量实现对世界事务的影响力的重大历史性课题。在此时期，探讨中国与 UNESCO 的合作关系，分析中国如何通过 UNESCO 这个平台走向世界的问题，具有重要的现实和理论意义。

在这样的背景和学术使命的指引下，中国学术界率先从教育领域发声并取得了一系列可喜成果，这些研究成果配合《国家中长期教育改革与发展规划纲要（2010—2020 年)》的实施，来促进我国借力于联合国教科文组织这一最大的国际智力合作平台，以迎接可能面对的挑战，促进教育国际交流。

同时，从国际关系与国际政治角度来进行切入也是中国学者进行研究的一个个维度。并主要集中在两个层面：第一，研究美国与联合国教科文组织关系的演进；第二，中国与联合国教科文组织关系演进。两个层面其实都具有同样一个目的，即探索如何为中国更好地利用联合国教科文组织这个平台融入国际事务，发挥中国作为负责任大国的作用。

总体而言，中国学术界大多从教育和国际政治的角度来进行研究并取得了一定进展，但是，稍显不足的是缺少对联合国教科文组织机制的相关研究成果。在这样的背景之下，北京第二外国语学院联合国教科文组织研究中心便开启了这一项基础性研究，并分别从教育、科学和文化三个运行维度、组织管理机制、与政府国家及非政府组织和国际组织的沟通机制以及信息传播机制，整体系统地介绍了联合国教科文组织，并以此框架作为本书的章节。

第一章先从教科文组织有关教育部门的历史入题，介绍了联合国教科文组织在教育领域的组织结构和功能。其中包括教育部门工作的四大使命、五大战略、以全民教育的实现为目标的长远工作计划、教育部门工作的四大关键优先领域以及四个主要活动领域。此外还列举介绍了联合国教科文组织在全球的教育机构，包括五大全球一级教科文组织研究所和研究中心，以及五大地区教育机构，并分别阐释了它们的特点及功能。其次，在整体论述联合国教科文组织在教育领域的运行方式一节中整体论述了与教育工作有关的政策和规划，其重要意义及其他作用，说明制定完善的政策和计划对于全球教育体制务实和可持续的改革以及实现全民教育目标具有重要意义，并强调教育是联合国教科文组织的助推活动领域地位。并分别介绍了教育部门这些年来的主要八大教育计划，其中包括全民教育、扫盲、人权教育、全纳教育、中高等教育等方面，为人类的教育事业与进步做出了巨大贡献。另外还简单介绍了联合国教科文组织在教育领域的合作伙伴，并强调联合国教科文组织积极同各机构、部门、组织搭建教育合作伙伴关系，协同促进教育计划项目实施的重要性、有效性及必要性。然后，又从不同方面分析了联合国教科文组织在教育领域所起到的重要作用，突出教育和终身学习对经济增长的促进，从个人、商业、社会三个不同维度阐明增强中小学教育水平是促进经济增长的关键驱动因素；另一方面强调教育为全球全民创造可持续的未来做出的巨大贡献，表明了在可持续发展的框架内，教育将起到关键作用，也为教育部门未来的工作指明了正确方向；还突出了联合国教科文组织在促进儿童和妇女教育中做出的不懈努力及成果。在第一章的最后对 UNESCO 在教育领域所起到的作用进行了理性的分析评价，表明虽然 UNESCO 一直把教育作为人的一项基本权利来不断推进，但执行运行工作过程中仍存在一些问题，主要集中在功能的重合、重复以及低效率、不同机构之间的竞争以及该组织在教育发展援助方面的有效性上。并提出了一些理论上的对策，如在政策上的正确创新引导。

第二章的主题是联合国教科文组织在科技领域的作用机制。先对联合国教科文组织中的自然科学部门的六大工作使命、国家项目所涉及的范围、致力于科技的五大地区办事处，以及促进项目实施的各大机构进行了整体系统的介绍，并强调 UNESCO 自然科学部门与很多政府机构和私人机构的密切合作，UNESCO 世界各地科技领域的办事处或者机构在巴黎总部的带领下组成了一个网状的关系脉络，互通有无、互利共享。并详细介绍了 UNESCO 五大科学计划的计划项目发起原因、宗旨、工作目标、工作内容、工作重心和计划项目目前的完成现状。此外，还用实际例子阐述了各个合作组织机构为完成科学计划所做的努力和工作，并介绍中国的组织在计划中的作用。本部分还阐释了 UNESCO 在科技方面的政策，介绍了科学政策项目的历史发展和详细内容。此外，还介绍了科技创新政策的发展情况、措施、计划以及历年进程，以及作为联合国教科文组织信息服务系统的科学政策信息网络全球观测项目。另外着重介绍了 UNESCO 在科学普及中所起到的重要作用，强调科技扫盲能促进每个国家自力更生的发展，要想实现持续性发展，要想改善人类生活水平，要想环境危机得到改善，科技扫盲便是重要的途径之一。而且，UNESCO 为了普及科学知识，召开了一系列论坛研讨会，包括一些国际论坛和一些地区性的有关科技扫盲和科学普及的研讨会。本章还对 UNESCO 设置的六大科技领域重要奖项分别从设置目的、规定和获奖情况等方面进行了论述。此外，为了让公众有更多的渠道了解并适应全球变化，唤起各方面对全球范围某个重要问题的关注，加强国际的交流与合作，UNESCO 发起了一年一主题的"国际年"活动。在科学、经济、社会发展及人道主义、人权等方面，尤其是关注发展中国家的发展，国际年成为联合国成员国开展合作的重要窗口和途径。最后介绍了 UNESCO 出版的杂志和主要新闻媒体的作用。利用报纸杂志和新闻媒体，UNESCO 大力促进了科学的普及。

第三章阐述的是联合国教科文组织在文化领域的作用机制，讲述了文化领域的主要工作方向。先概括了 UNESCO 在文化领域的基本情况，强调其宗旨是促进真正的和平文化，推动人类智力和道义上的团结，从而使世界保持持久的和平。阐述了文化在可持续发展政策中的核心地位，并详细介绍了"2030 年可持续发展议程"的会议过程及产生的作用和影响。又描述了 2013 年在北京举行的"联合国教科文组织创新城市峰会"的情况，强调了创意对可持续发展的重要性，阐述了创意的准确定义和文化与创造性的紧密联系，并强调文化是社会包容性和可持续发展的始能力和驱动力。接着又对 UNESCO 体制下的文化多样性进行了详细的介绍，表明对促进文化多样性的关注可以被看作是教科文组织在文化领域开展行动中的一个优先事项。介绍了《保护和促进文化表现形式多样性公约》出台的国际背景、主要内容和公约中对保护和促进文化多样性的定义。强调文化多样性发展的目标为保护和促进文化表现形式的多样性以互利的方式为各种文化的繁荣发展和自由互动创造条件，以及公约在文化保护中的重要地位。接着又对 UNESCO 文化部门在民主与全球公民意识方面所做的工作进行了整体梳理，阐述了教科文组织本着促进世界文化多样性的发展，消弭世界不同文化间的隔阂，最终推动世界的持久和平与共同繁荣的宗旨，对建设和巩固民主以及发展民主体制做出的不懈努力及贡献。本章还详细系统地介绍了UNESCO 在文化和自然遗产保护方面所做的工作旨在保护文化元素的总体战略，表明在如今这个相互交融的世界，文化无疑拥有改变社会的力量，用三管齐下的文化公约为国际合作提供平台，创建完整的文化治理体系。更重要的是对世界文化和自然遗产的保护，详细说明了其在联合国教科文组织中的优先地位，介绍了《保护世界文化和自然遗产公约》的一些内容，包括对文化遗产和自然遗产的定义、世界遗产所包含的遗产的性质和价值、非物质文化遗产的定义、其六大特征和价值、《公约》的影响和意义，以及保护文化遗产的六大现实意义。此外还分析概括了 UNESCO 在文化方面所起到的重要作用及重大贡献。

第四章为本书的重点核心章节，主要是对联合国教科文组织的组织管理机制的介绍。随着经济全球化的加剧，国家之间、地区之间的交流越来越密切，在这种时代大潮下，国际组织的作用越来越大，其职能也得到相应的加深。联合国教科文组织作为联合国针对全球教育、科学、文化的专门机构，其在加强各国之间的交流、促进全球科学文化发展、提高各国教育水平上起着不容忽视的作用。以全球教育治理为例，"联合国教科文组织是国际层面最重要的机构，其重要性不仅体现在联合国对该组织的倚重，即在国际教育领域的枢纽地位，而且体现在其为全球教育事业做出的贡献与领导力。"此外，联合国教科文组织的组织结构与其职能密切相关，本章就详细介绍了 UNESCO 的五大职能及宗旨。强调组织法、国际公约及其他方式的宣言、报告、战略说明等在指导教科文组织的工作和治理中起到的重要作用和重要性。并阐述了 UNESCO 的准入与退出机制，包括会员国、联系会员与观察员的身份要求、权利与义务、入会原则程序以及退会程序和退会的原因等。此外还重点介绍了UNESCO 的组织机制，包括作为领导机构的大会，其组成、参会人员、参会者权力等，作为执行机构的执行局，其职能与责任、执行委员的产生及要求，作为行政管理机构的秘书处，其组成、产生、工作人员的任命及下设的四类机构，以及常设机构和其他机构。也详细阐述了联合国教科文组织的行政运作，包括其会议规则、决策程序、表决程序等。强调为了尽可能多地代表不同国家与地区的声音，它设置了简单、开放的入会条件。为让各会员国平等参与教科文组织的运行，它设立了一国一票、简单多数票选举机制。在治理结构方面，它日趋完善的三级治理结构、分布在世界各地的办事处、多个国家委员会及 12 个专门机构等，不仅有利于发挥联合国教科文组织的世界代表性，而且其良好的运行机制为其他国家组织提供了有益的参考。

第五章和第六章分别介绍了作为政府间智力组织的联合国教科文组织分别与政府国家和非政府组织间的沟通机制。不管是和政府国家进行合作，还是充当非政府国家间国际组织的网络连接点，联合国教科文组织自成立以来，不断地推出以创新多种多样的合作沟通方式，形成一套完备齐全的沟通机制。然而，在众多的合作伙伴关系中，与政府国家的合作沟通仍是联合国教科文组织最主要的合作沟通方式之一。联合国教科文组织主要通过制定国际公约、宣传推广先进理念和通过国际会议等方式提出先进理念的两大渠道对主权国家产生影响和作用。本章通过以国际组织发展的四大阶段为基础，结合主要会员国中美两国参与 UNESCO 的发展历程，阐释了联合国教科文组织与政府国家之间在不同阶段产生的相互作用、影响，从而阐明成员国与联合国教科文组织间的合作是相互影响、相互交织的。其中，中国与UNESCO的合作从1949年以前创建初期，20世纪50年代到70年代的平缓时期，到八九十年代的政治化困难时期，再到新世纪新阶段，是不断深化的合作。而美国却经历了从对联合国教科文组织抱有很大政治期望与信心并主导其政策，到对该组织的冷漠、忽视，到最终退出UNESCO，都说明了国家和国际组织在一定程度上存在着相互妥协的关系。并且强调成员国家的综合国力和在世界政治经济中的地位对组织相关政策的运行有着巨大影响。国家的综合实力很大程度上影响这一个国家在世界舞台中扮演的角色和产生的作用；同时，联合国教科文组织作为一个开放的国际组织，自身的开放性、包容性和多样性也在进一步影响着与成员国的沟通合作。第五章立足于中国和美国两个主要大国来探讨联合国教科文组织与成员国的沟通机制，在回顾了70来年合作发展的历程基础上，从国家关系的视角出发，探析成员国对联合国教科文组织的影响，评析双方合作的效果。美国因其综合实力突出，在教科文组织建立初期与中期占据主导优势地位，但随着国际事态的转变，UNESCO一些政策目的与其国家利益相左，美国一贯以现实主义国家利益为第一选择，因此其在组织中的地位有所下降甚至退出组织。后重新加入组织，因其超级大国的国际地位，美国在联合国教科文组织中仍具有实质性作用。中国在恢复联合国合法席位后，始终把联合国教科文组织作为对外交流与合作的窗口，积极响应UNESCO的各项政策。联合国教科文组织与中国是相互影响的，且影响是多方面的。

接着在第六章介绍了国际组织、非政府组织与联合国教科文组织的沟通机制，分别以联合国和国际图书馆协会联合会为例进行阐述。书中先介绍了国际组织的相关基本知识，包括国际组织的诞生、概念、三大普遍特征等，强调国际组织是为了适应国家之间日益频繁的交往，交往的领域和地区不断扩大而产生和发展起来的。接着回顾了作为全球最大最有权威的国际组织之一——联合国的创建历史以及联合国教科文组织的创建与发展简史。重点阐释了联合国与联合国教科文组织之间互为表里、互相合作的关系。一方面，UNESCO 是联合国体系中不可或缺的重要组成部分之一，联合国将其教育、科技、文化等领域的发展目标下放给联合国教科文组织；另一方面，联合国教科文组织也受到联合国的制约，尤其是在财政预算方面。此外，本章还重点突出了联合国相关下属机构在教育领域与 UNESCO 的合作。由此看来，联合国教科文组织最成功的经验，便是将教育领域的资金投入同经济与社会发展紧紧地联系在了一起，以及同各大国际组织、金融机构、非政府组织之间的广泛合作。联合国还不断强调教育领域的投资是一种经济上的投资，以便吸引更多的国际组织与金融机构投资于教科文组织。然后从国际教育组织按照功能定位的两大类"非专门性国际教育组织"和"专门性国际教育组织"及其次级分类的组织构成和基本功能对联合国与教科文组织在教育领域的突出合作进行了详细的介绍。本章的另一重点内容就是非政府组织与 UNESCO 的合作。随着非政府组织迅猛发展，其活动范围不断扩大，几乎涵盖了公众生活的方方面面，国际非政府组织对国际事务以及世界发展进程的推动力和影响力越来越大。笔者通过对不同阶段国际图书馆协会联合会与教科文组织相互合作的事实阐述，分析了不同时期的合作关系及影响。并在章节最后突出强调了 UNESCO 与国际组织和非政府组织之间建立健康良好合作关系对世界政治经济和平发展的重要性。

　　第七章介绍了联合国教科文组织的信息传播机制，也就是媒体传播的相关内容，明确指出媒体作为最重要的信息传播通道和信息交流平台，对发挥联合国教科文组织应有的社会影响力，达成组织机构本身的行动目的，实现其所倡导的宗旨具有重要意义。笔者阐述了媒体传播领域两个基本概念：公共领域和公共关系，其中包括概念的提出与发展变化，媒体在其中所起到的传播渠道、公共空间及平台的重要作用，以及现代信息革命对公共关系的建立所产生的影响。接着介绍了 UNESCO 与媒体之间所呈现的深度合作与互动的紧密关系，而且传播是联合国教科文组织成立之初就一以贯之的宗旨、任务和手段，信息传播更是联合国教科文组织工作重心五大领域之一和基本职能之一。突出了媒体对公众动员的作用，教科文组织通过对媒体提供信息，从而提高公众的参与意识，获得更多的公众支持。详细介绍了媒体的传播机制，包括主要由言论自由及媒体发展部门和公众宣传局构成的传播机构的职能、作用、主要任务等，以大众传播为媒介的主要传播方式，强调了大众传媒所起到的中介作用和其成为文化传承载体的重要意义，还包括利用电子信息网络和社会化媒体所形成的系统化、多样化的传播途径，并强调大众传媒与教科文组织在信息传播中的通力合作。另外，又系统介绍了媒体的发展，详细阐述了 UNESCO 在信息传媒方面做的主题项目，包括社区媒体、新闻从业者教育及培训、媒体和信息素养的内容。联合国教科文组织通过积极倡议确立世界新闻自由日、与其他国际组织共同筹办信息社会世界峰会论坛等进一步强调信息社会媒体传播以及媒体安全的重要性。此外，笔者还客观地分析了联合国教科文组织与媒体合作过程中所存在的问题。一方面，囿于 UNESCO 自身的局限性，其宗旨目标带有理想主义色彩，而且在信息流通上所采取的线性模式有些传统，不能适应新科技的发展需求；另一方面，媒体本身的特点，对信息传播的有效性造成一定的影响，过于碎片化的信息容易被大众忽略。这些都不利于联合国教科文组织目标宗旨的实现。

　　本书的内容演盖了联合国教科文组织的作用机制、组织管理机制、沟通机制和信息传播机制，管理制度、运作程序和职能，并整理和分析了该组织在重点领域所做出的努力、贡献和挫折教训，希望更多的读者系统地了解这一重要国际智力组织的运作机制，希冀引发对该组织更多的研究兴趣和期待更多的研究成果。

第一章

教育领域的运行

第一节　UNESCO 在教育领域的组织结构和功能

谈到联合国教科文组织（UNESCO）在教育领域的组织结构和作用，首先有必要了解以下联合国教科文组织教育部门的历史。1942 年，第二次世界大战已接近尾声，反德国纳粹的欧洲各国政府齐聚英国召开教育部长联合大会（CAME）。人们盼望和平回归后重建教育体系。根据大会提议，联合国于 1945 年 11 月 1 日至 16 日（战后伊始）在伦敦召开会议，讨论创建教育和文化组织（ECO/CONF）。44 个国家的代表讨论决定创立一个旨在建设"人类智力与道德团结"的组织。会议结束时，由 37 个国家共同创立的联合国教育、科学与文化组织（教科文组织）诞生了，经联合国大会批准，该组织于 1945 年 11 月 16 日正式成立。教科文《组织法》也在同一天签署，得到 20 个国家批准后于 1946 年 11 月 4 日正式生效。

教科文组织的前身为：国际智力合作委员会（CICI），1922 年至 1946 年，办公地点位于日内瓦，及其执行机构——国际智力合作机构（IICI），1925 年至 1946 年，办公地点为巴黎。1925 年至 1968 年，国际教育局（IBE）作为教科文组织的前身，办公地点位于日内瓦。该机构自 1969 年成为教科文组织的一部分并根据其独立章程开展工作。

一、联合国教科文组织教育部门如何工作

（一）使命

教科文组织教育部门致力于：

●引领全球创建学习型社会，为所有人提供教育机会

●提供专家，促进合作，以加强国家教育领导能力和各国提供全民优质教育的能力

●作为智力合作的领导者、教育公正的代言人以及思想库，推动各国和国际社会加速实现这些目标

●发展合作伙伴，促进监督，特别是每年发布《全球监测报告》跟踪各国和国际社会为实现六项全民教育目标所取得的进展

（二）战略

教科文组织教育部门通过如下战略目标履行其使命——

●能力建设：在教育革新与改革方面提供智力引领的国际平台

●思想实验室：预测和应对新兴趋势和教育需求，基于研究结果制定教育政策建议

●国际催化剂：发起并推动教育领袖及利益相关者的对话和信息交流

●思想库：促进开发和执行成功教育案例与文件，宣传成功经验

●标准制定：制定教育关键领域的标准、规范和指导准则

（三）计划

2010－2011 双年度，教科文组织教育部门把优先点放在支持全民教育的实现和在教育领域起全球和地区领导作用，特别是通过开展 2008－2009 年度教科文组织举办的四个标志性国际教育大会，这些大会讨论了全纳优质，可持续发展教育、成人学习与高等教育，为政策制定者和其他利益相关者在全球化的世界中改造教育体系的方法提供指导。

关键优先领域：

●教育部门范围内的政策与规划

●扫盲

●教师

●职业技术教育与培训（TVET）

四个主要活动领域：

●加快实现全民教育的进展，特别是在国家一级

●建立质量全纳教育体系

●支持教育体系解决当代可持续发展和和平文化与反暴力等重大问题

●通过宣传、合作以及监测加强对全民教育的领导。

联合国教科文组织有关全民教育的若干倡议：

教科文组织的教育部门已经发起或联合发起倡议，应对可持续的、协调的行动需求，解决顽固的教育问题。具体倡议包括：

第一：LIFE：扫盲增加能力倡议

A 这一为期 10 年（2006－2015）的教科文组织倡议针对占世界文盲 85% 的 35 个国家；

第二：EDUCAIDS：全球艾滋病教育倡议

这是一个教科文组织牵头的倡议，与联合国系统的 10 个专门机

构联合开展，旨在帮助政府在艾滋病教育方面制定综合的应对方案；

第三：全球促进女童和妇女教育合作伙伴关系："更好的生活，更好的未来"

这是教科文组织牵头的合作伙伴机制，旨在应对女性青少年辍学率高的问题，以及通过强大的宣传攻势和合作伙伴关系来扩大妇女扫盲计划规模。

第四：教育第一，联合国秘书长的倡议

教科文组织对这一为期 5 年倡议的全面概念的形成起到了核心作用，这一倡议于 2012 年 9 月发起，目的在于推动全球教育行动。教科文组织总干事是该倡议指导委员会执行秘书。

二、联合国教科文组织全球教育机构

联合国教科文组织为了有效推进全球教育工作，分别设有全球一级的教科文组织研究所和中心，以及地区教育机构，包括设在非洲、阿拉伯国家、亚太地区、欧洲和北美地区一级的教育机构。

（一）全球一级教科文组织研究所和中心

全球一级的研究所和中心作为教科文组织教育计划的一部分，旨在协助各国应对教育挑战。这些研究所和中心包括：国际教育局（IBE），位于瑞士日内瓦，其主要职责在于加强课程发展，完善教育内容；国际教育规划研究所（IIEP），设在法国巴黎和阿根廷布宜诺斯艾利斯，主要职责在于帮助各国设计、规划和管理教育体系；教科文组织终身学习研究所（UIL）（前身是教科文组织教育研究院），位于德国汉堡，负责推动扫盲、非正式教育及成人和终身学习；教育信息技术研究所（IITE），位于俄罗斯莫斯科，负责协助国家在教育中应用信息和沟通技术；国际职业技术教育培训中心（UNE-VOC），位于德国波恩，旨在促进教育为就业服务。

（二）地区教育机构

1. 非洲

非洲是教科文组织的优先重点，教育是该地区发展的关键。教科文组织达喀尔地区教育办事处和撒哈拉以南非洲的 15 个代表处致力于促进各国政府和发展伙伴将教育列为其工作的重点。

教科文组织非洲能力建设国际研究所（IICBA）重视提高当地师资教育质量。教科文组织还向各国政府提供改革和重建教育体制方面的专家，并促进扫盲和全民终身教育计划，协调在基础教育、中等教育、技术教育、高等教育、远程教育和艾滋病教育中的业务项目。

2. 阿拉伯国家

教科文组织阿拉伯地区教育办事处位于贝鲁特，它和该地区其他 8 个代表处共同促进全民优质教育这一基本人权。教科文组织与各国教育部及政府其他专门机构密切联系，通过促进政策对话和项目实施来发展该地区教育。

3. 亚太地区

教科文组织亚太地区教育办事处位于曼谷，它和该地区其他 15 个代表处重点推动受教育权这一基本权利，促进教育质量的提高，激励实验、革新和政策对话。教科文组织在该地区教育领域使用信息沟通技术（ICT）有长期经验，其教育项目侧重为可持续发展服务。教科文组织向各国政府及合作伙伴提供教育部门改革和资源管理的技术性建议。

4. 欧洲和北美

教科文组织在欧洲和北美洲的三个研究所和两个中心协助国家解决地区一级和全球一级的有关教育难题。欧洲的每个研究所和中心都有其特定的使命：

国际教育局（IBE）致力于加强课程发展、完善教育内容；国际教育规划研究所（IIEP）致力于帮助国家设计、规划和管理教育体制；教科文组织终身学习研究所（UIL）致力于促进扫盲、非正式教育、成人教育和终身学习；教育信息技术研究所（IITE）协助国家在教育中应用信息和沟通技术；国际职业技术教育培训中心（UNE-VOC）加强教育为就业服务的导向；教科文组织统计研究所（UIS）设在加拿大蒙特利尔，提供教育界全球和国际比较数据；教科文组织有两个联络办公室，分别在美国纽约和瑞士日内瓦。

5. 拉丁美洲和加勒比地区

教科文组织拉丁美洲和加勒比地区教育办事处和该地区其他11个代表处协助政府落实公共政策的实施，并鼓励民间社会参与教育发展。

教科文组织拉丁美洲及加勒比地区国际高等教育研究所（IESALC）位于委内瑞拉的加拉加斯，该机构重视高等教育项目的开发。教科文组织国际教育规划研究所（IIEP）布宜诺斯艾利斯分所帮助规划和管理全国教育系统。

联合国教科文组织自成立以来，在教育领域逐步形成了健全的组织结构。教育赋予人们知识和技能从而使人们能够改善自我命运，联合国教科文组织教育部门则致力于让每位儿童、青少年和成年人都有权享受优质教育。联合国教科文组织在教育领域按照使命，制定战略和计划，提出若干倡议来推动全球教育的发展。其组织结构划分为全球级的教育机构和地方级的教育机构，分散到全球各个地区，为各类教育项目的实施做出了巨大贡献。

第二节 联合国教科文组织在教育领域的运行方式

教育是联合国教科文组织的主推活动领域。教育是一项基本人权，对履行其他人权起到重要作用。它促进个人自由，培养自立能力，并带来巨大的发展效益。尽管如此，上百万儿童和成人仍被剥夺教育机会，很多是出于贫困。

联合国与教科文组织的准则文件规定了教育权方面的国际法律义务。这些文书推动并改善每个人不受歧视、不受排斥地享受优质教育的权利。这些文书还见证了成员国及国际社会对实现教育权方面准则性行动的高度重视。政府要履行提供全民优质教育方面的法律和政治义务，并更为有效地实施和监督教育战略。

教育是强有力的工具，它使经济上和社会上被边缘化的成人和儿童可以摆脱贫困，成为充分参与社会活动的公民。为了保证每个人受教育的权利，联合国教科文组织制定了相关政策，并制定了具体的教育计划。

一、政策和规划

制定完善的政策和计划对于全球教育体制务实和可持续的改革以及实现全民教育目标具有重要意义。

教科文组织支持各国决策者制定稳固而适宜的教育政策和战略，并监督其有效实施。根据不同情况，教科文组织的支持形式可以是对教育政策分析提供技术协助，对教育部门发展规划进行设计，对国家教育优先重点项目作援助动员。

此外，该组织的支持还涉及对国家机构人员开展能力建设，具体包括政策制定、部门分析、教育规划、政策模拟和对话、资源推测、部门管理、项目监督和评估、发展合作以及赞助商协调等方面。联合国教科文组织国际教育规划研究所每年提供高级课程。

二、主要教育计划

教育是联合国教科文组织的主推活动领域。教育是一项基本人权，对履行其他人权起到重要作用。它促进个人自由，培养自立能力，并带来巨大的发展效益。尽管如此，上百万儿童和成人仍被剥夺教育机会，很多是出于贫困。

联合国与教科文组织的准则文件规定了教育权方面的国际法律义务。这些文书推动并改善每个人不受歧视、不受排斥地享受优质教育的权利。这些文书还见证了成员国及国际社会对实现教育权方面准则性行动的高度重视。政府要履行提供全民优质教育方面的法律和政治义务，并更为有效地实施和监督教育战略。

教育是强有力的工具，它使经济上和社会上被边缘化的成人和儿童可以摆脱贫困，成为充分参与社会活动的公民。

（一）全民教育

全民教育（EFA）运动是一项全球承诺，旨在向全体少年儿童、青年和成人提供优质的基础教育。在"世界教育论坛"（达喀尔，2000）上，来自164个国家的政府承诺要实现全民教育和2015年前需要达成的六项目标。目前，各国政府、发展援助机构、公民社会和私营部门正携手合作，争取实现全民教育目标。

"达喀尔行动框架"授权教科文组织和其他四位达喀尔论坛的组织者（联合国开发计划署、联合国人口基金会、联合国儿童基金会和世界银行）合作，以协调合作机构。作为牵头机构，教科文组织将其活动集中于五个核心领域：政策对话、监督、宣传、筹资、能力建设。

为了履行全民教育的政治承诺并加速实现2015年目标，教科文组织建立了几个协调机制，由其全民教育全球合作伙伴团队管理。继2010－2011双年度对全民教育协调进行审查之后，教科文组织改变了全球全民教育协调结构。

以上是2015年以前的全民教育目标，而根据2016年全民教育全球监测报告，非常明确地指出了以下三点：

首先，迫切需要新的方法。根据目前的趋势，到2030年处于低收入水平国家的儿童，大约只有70%能够完成小学阶段的教育，而这个目标应本该在2015年就实现的。因此，要克服这一趋势，需要政治意愿、政策、创新和资源来共同发挥作用。

第二，报告指出必须以紧迫感和长期的投入来认真实现可持续发展目标。如果不这样做，不仅会对教育产生不利影响，而且会阻碍走向进步的每一个发展目标，包括减贫、消除饥饿、改善健康、性别平等和妇女赋权、可持续生产和消费、具有韧性的城市及更平等和包容的社会。

最后，报告强调我们必须从根本上改变对教育的看法及其在人类福祉和全球发展中的作用。现在，教育比以往任何时候都有责任培养能够促进可持续和包容性增长的正确态度技能和行为类型。

（二）扫盲

扫盲是一项基本人权和终身学习的基础。扫盲对于社会和人类发展极为重要，因为它能够改变生活。对个人、家庭与社会来说，它可提高人的健康与收入水平，改善人与世界的关系，是增强自立能力的手段。

将读写能力应用于知识交流，正随着技术进步不断发展。从互联网到短信，不断提高的通信普及率扩大了人们的社会和政治参与。一个具备读写能力的社会，是一个充满活力、能够交流思想和辩论的社会。然而文盲现象却成为提高生活质量的障碍，甚至能够导致排斥及暴力行为。

65 年以来，教科文组织一直致力于确保扫盲成为国家及国际事务的优先事项。通过世界各地正规及非正规扫盲计划，教科文组织正为创造一个让全人类都具备读写能力的世界而努力。

（三）人权教育

人权教育作为教育权不可或缺的一部分，越来越被认为是人权本身的一部分。有关权利和自由的知识被认为是尊重所有人权利的基本保障。

教科文组织有关人权教育的工作是在世界人权教育计划下进行的。教育应包含以下价值观，如和平、非歧视、平等、公正、非暴力、宽容和对人类尊严的尊重。基于人权的优质教育意味着权利在整个教育体制和学习环境中得到贯彻实施。

联合国教科文组织在人权教育方面做出了一定的战略。教科文组织的战略基于一个全面方法，承认一切（包括公民、政治、经济、社会及文化）权利的不可分割性及相互依存性。教科文组织确定这一战略的核心文件为1974 年《关于教育促进国际谅解、合作和和平及有关人权和基本自由的教育的建议》以及 1995 年《和平、人权和民主教育综合行动框架宣言》。

本组织的战略在"世界人权教育计划"之内开展，它致力于动员个人和机构，确保人权教育计划成功。教科文组织既通过正规教育也通过非正规教育途径开展计划，面向广泛的受益者。学习应该集中在获得价值、态度和技能上。本组织和合作伙伴侧重：

促进政策对话，以协助会员国确保每一个孩子受教育的权利，并促进人权教育、公民民主意识、和平与非暴力以及跨文化教育，包括行动框架和指导原则的制定；通过在国家和次区域层面上共同发展项目与计划，支持国家和地方培养人权教育能力，包括编写教材；加强与联合国其他合作机构的联系，建立共同框架，通过一个以人权为基础的方法，实现不同区域的"全民教育"；宣传和网络活动。

（四）全纳教育

全纳教育基于所有学员享受优质教育的权利，指所有学员接受满足基本学习需求并丰富其生活的优质教育。全纳教育特别针对弱势及边缘群体，帮助开发每一个人的全部潜能。全纳优质教育的终极目标是消除一切形式的歧视，促进社会凝聚力。

推广全纳优质教育的方法包括：审查和监督教育政策，确保弱势群体儿童同样享有优质基础教育；培训教育官员，推广全纳优质教育政策的改善和执行；分析和传播全纳优质教育的范例。

（五）中等教育

优质的中等教育帮助青少年充分挖掘自身潜力，在社会上担当高效、负责且民主的公民义务。

为普及初等教育所取得的进展带动对中等教育日益增长的需求，特别值得指出的是撒哈拉以南国家中学注册率上升至55%（1999－2005）。教科文组织除了努力改善中等教育机会并提高教学质量外，还支持各国为满足以上需求而进行的努力。

教科文组织指出，中等教育需要提高质量、平等和相关性。通过推动中等教育体制改革，特别是内容和方法的重新设计，教科文组织将核心活动集中在完善质量和确保相关性上，以满足21世纪之需。

教科文组织推动全民中等教育，这一教育包括学科知识、实践和社会技能以及公民责任的平衡，为继续深造或迈入职场进行有效准备。教科文组织支持在普通和职业教育分流前进行连贯的不少于九年的义务教育。在整个高中阶段，学生应能在职业教育和普通教育两条路中自由转换。为了鼓励入学，教科文组织促进小学向中学过渡的战略，鼓励所有青少年享有公平就学机会，特别是女孩和农村青少年。

（六）高等教育

"国家财富与其高等教育体系质量和延伸的联系从未像今天这样紧密。"（"世界高等教育合作伙伴关系会议"，2003 年 6 月）

作为唯一一家负责高等教育的联合国机构，教科文组织促进以事实为主的政策制定，以应对该领域的新趋势和新发展，并强调政策制定在实现"千年发展目标"（特别是消除贫困方面）中起到的重要作用。

教科文组织促进满足教育和劳动力需求的革新，研究如何为弱势青年群体提供接受高等教育的机会。教科文组织在高教方面的工作还涉及跨境高等教育和质量保障，特别重视高教资格的相互认证，并为规避学生和其他利益相关者接受低质量高等教育提供政策工具。教科文组织推动政策对话，促进教育质量，加强高等教育机构的研究能力和促进跨境知识共享。

在使命和战略方面，教科文组织通过推动知识型社会的高等教育，使其成为文化、经济和社会发展的关键因素，内源能力的动力和人权、可持续发展、民主、和平和公正的倡导者。教科文组织针对教育领域的新发展，协助会员国制定注重事实的政策。其行动服务于千年发展目标的实现特别是消除贫困；推动满足教育和劳动市场需求的革新行动，研究如何为弱势群体青年增加高等教育的机会。

（七）教育中的性别平等

实现教育中的性别平等建立在人权这一重要论据以及发展这一雄辩案例基础上。性别平等是一项高回报的实惠投资。当女童受到教育时，谋生方式得到进步，教育得到其价值，公民责任也会增强。然而，在大多数社会中，根深蒂固的不平等现象导致了不平等的受教育机会和不平等的学业成绩。

虽然全球初等教育的普及带来了更大程度的性别平等，但是相当多的女性仍然无法接受教育。截至 2010 年，28 个国家仍未达到性别平等。让所有女童上学仍面临诸多挑战，涉及宣传、法律规定、课程、教师培训、扫盲和终身学习等方面。

教科文组织致力于确保优质的全纳教育，并特别重视入学、学习环境和学习成绩三个方面。教科文组织还全面负责提高女性读写能力的工作，女性读写既是一项人权，也是提高其生活能力、母婴保健的关键，同时还是女童在校内外接受教育的基础。

（八）职业技术教育与培训（TVET）

技术技能在消除贫困、经济复苏与持续发展中都起着至关重要的作用。因此，全世界越来越关注职业技术教育培训政策。

职业技术教育与培训包括为未来工作而进行的正规、非正规和非正式的学习。年轻人，不论是女性与男性，依托众多教育和工作场地并在多样的社会经济背景下学习基础和高级知识与技能。联合国教科文组织提倡对职业技术教育与培训的反思，领导国际讨论，以提升它在推动社会公平与可持续发展过程中发挥的作用。2012 年5 月 14 日至 16 日，联合国教科文组织在上海举行了第三届国际职业技术教育大会，主题为"变革中的职业技术教育与培训：培养生活与工作的技能"，这次大会批准《上海共识》。

教科文组织遵循"职业技术教育与培训战略计划"的新战略，

在涵盖广泛的终身学习框架内促进职业技术教育与培训，培养劳动市场所需的技能。教科文组织承认职业技术技能的学习有多种场地，计划的成功依赖于各国教育部的合作，教科文组织首先把重点放在中等和中等后阶段的职业技术教育，以及非正规教育形式的职业技术教育与培训。工作有如下三大核心领域：提供起步阶段的政策咨询和相关能力建设；确定技能开发的概念并提高监测；开展行动提供信息，传播全球职业技术教育与培训讨论结果。

联合国教科文组织在教育领域主要推崇通过教育来促进和维护世界和平。联合国教科文组织把教育作为一种通过在人类思想中建立起对和平渴望的平台。除了正统意义上的教育外，还主张通过科学和文化交流来发展和促进国际理解。联合国教科文组织在全球教育治理中的作用不断得到加强和发挥。联合国教科文组织领导和协调全球教育治理，发挥了巨大的影响力。其主要目标包括普及教育，致力于全球和平、安全的创建和人权的改善。在全球化的大环境下，联合国教科文组织引领教育的角色愈加重要，教育质量的提升可以帮助促进公平、消除贫困，消除教育上的性别歧视。

第三节 联合国教科文组织在教育领域的合作伙伴

教科文组织教育部门的工作重视合作伙伴关系，通过合作促进实现全民教育目标（EFA）。教科文组织与多家联合国专门机构共同加强全球教育并积极响应联合国"一体行动"的试点倡议，该倡议联合多个联合国专门机构加强计划的执行力度。共同举办"年世界全民教育大会"的五个多边机构至今仍是全民教育运动的国际核心利益相关者，它们是：联合国教科文组织、联合国开发计划署、联合国人口基金会、联合国儿童基金会和世界银行。联合国教科文组织的合作伙伴具体包括以下几个方面。

一、联合国机构

作为肩负教育这项特殊任务的联合国专门机构，教科文组织与其他很多联合国机构合作，以便满足千年发展目标和全民教育目标框架下的全球教育之需。

教科文组织与组织"世界全民教育大会"（泰国宗滴恩，1990年）和世界教育论坛（塞内加尔达喀尔，2000年）的其他几家多边机构密切合作。它们是：联合国开发计划署（UNDP），联合国人口基金会（UNFPA），联合国儿童基金会（UNICEF）和世界银行。

与其他联合国专门机构的合作包括：

（致力于提高教师工作条件和雇用条件并设立童工和教育机构间全球工作组的）国际劳工组织、联合国儿童基金会、世界银行、联合国人口基金会及其他组织。向学校提供学生午餐的"世界粮食计划"。教科文组织同时参与联合国"一体行动"的试点倡议。

二、双边和多边捐资者

援助机构和受援国之间的合作关系对于支持各国为实现全民教育和推动各级学习付出的不懈努力起到关键作用。

合作关系不仅包括向低收入国家提供技术和财政支持，还包括为协调一致的策略做出的努力，为了贯彻"巴黎援助有效性议程"而做出的更明确可靠的援助。

与多边援助机构的战略合作伙伴包括欧盟、经合组织的开发援助委员会（DAC）和各开发银行。教育部门与援助组织的重要合作伙伴关系体现之一是"全民教育能力建设计划"。

"全民教育能力建设计划"

该计划通过体制和组织的能力培养来解决正规和非正规教育中优质和平等的问题。"全民教育能力建设计划"重点集中在师资教育、中等教育、扫盲和成人教育中的高需求领域,它加强并推动了了教科文组织与其他伙伴在国家援助发展框架下的合作。

表 1.1 主要援助国和其全民教育运动相关机构

援助国	全民教育运动相关机构
澳大利亚	AusAid
奥地利	Foreign Ministry
比利时	Development Cooperation（DGDC）；Technical Cooperation（BTC）
加拿大	Canadian International Development Agency（CIDA）
丹麦	Ministry of Foreign Affairs
欧洲委员会	DG Development
芬兰	Department for International Development Co - operation（global finland）
法国	Department for International Co - operation；Le Groupe de l'Agence française de Développement（AfD）
德国	Deutsche Gesellschaft für Technische Zusammenarbeit（GTZ）；KfW；Federal Ministry for Economic Cooperation and Development（BMZ）
希腊	Ministry of Foreign Affairs
爱尔兰	Development Cooperation Ireland
意大利	Ministry of Foreign Affairs
日本	Japan Bank for International Cooperation（JBIC）；Japan International Cooperation Agency（JICA）；Ministry of Foreign Affairs（MOFA）
卢森堡	Lux - Development
新西兰	NZAid

援助国	全民教育运动相关机构
挪威	Norwegian Agency for Development Cooperation（NORAD）
葡萄牙	Ministry of Foreign Affairs；Portuguese Institute for Development Support（in Portugese）
西班牙	Spanish Agency for International Cooperation（AECI）
瑞典	Swedish International Development Cooperation Agency（SIDA）
瑞士	Swiss Agency for Development and Cooperation（SDC）
英国	Department for International Development（DFID）
美国	United States Agency for International Development（USAID）

三、民间社会和非政府组织

民间社会和非政府组织包括运动网络、研究网络、教师联盟、宗教组织、社区协会、家长协会、学生协会及社会运动。由不同年龄、不同国籍的志愿者组成的约 3700 个教科文组织俱乐部、活动中心和协会遍布全球。它们结成网络以便宣传、游说、交流信息，并活跃在国家一级和国际一级舞台。

其他重要合作伙伴包括"全球教育运动"和"国际教育"组织。

当国际社会采纳 2000 年达喀尔行动框架时，他们承诺确保民间社会广泛参与到教育发展的各个方面，这包括参与制定、实施和监测教育政策。

非政府组织全民教育集体磋商（CCNGO/EFA）是促进民间社会参与《达喀尔宣言》的重要机制。它联系了教科文组织、民间社会网络和全世界的联盟及组织。集体磋商的成员被邀请出席地区和全球全民教育会议以及其他教科文组织磋商和会议。

　　教科文组织/非政府组织高等教育合同协议会由代表高等教育界的各个领域的 60 个组织构成：地区大学联盟、学生组织、妇女团体、教师协会以及专门进行咨询、研究教育评估和交流的组织。该协议会作为思想库协助教科文组织对其高等教育项目进行定位，并参与到项目的实施中。

四、主题合作

　　按主题划分的合作伙伴关系有利于促进协同行动解决特定问题。主要的伙伴关系有：

　　艾滋病规划署教育问题机构间工作组由教科文组织召集建立，为国际合作伙伴提供宣传、网络和协调的平台。

　　艾滋病与教育全球倡议（EDUCAIDS）是艾滋病规划署的多国倡议，它由教科文组织领导，为各国执行应对艾滋病的教育措施提供支持。

　　联合国女童教育倡议（UNGEI）由联合国儿童基金会协调，旨在缩小性别差距，使世界各地的女童能享受平等机会接受教育。

　　全民教育（EFA）和消除童工劳动全球工作组是由教科文组织、国际劳工组织、联合国儿童基金会、世界银行、联合国开发计划署、国际教育组织及"全球取缔童工大游行"共同创建的。

　　教科文组织/非政府组织高等教育集体磋商会议建于 1988 年，由代表高等教育界各个领域的 60 个组织构成。该会作为思想库协助教科文组织对其高等教育项目进行定位，并参与到项目的实施中。

　　全球教育合作伙伴（GPE）由 46 个发展中国家、30 多个双边的地区或国际机构、发展银行、私营部门、教师、地方和全球民间社会团体组成，致力于使世界各地儿童得到优质教育。

　　联合国教科文组织积极同各机构、部门、组织搭建教育合作伙伴关系，协同促进教育计划项目的实施。同联合国机构的教育合作伙伴关系，有利于满足千年发展目标和全民教育目标框架下的全球教育之需；同双边和多边捐资者和教育合作伙伴关系，对支持各国为实现全民教育和推动各级学习付出的不懈努力起到关键作用；同民间社会和非政府组织的合作关系，有利于信息的交流、传播和沟通；同私营部门的关系，有利于培养创新、促进创业，为教育发展做出重要贡献；此外，联合国教科文组织教育部门开展的主题合作，有利于促进协同行动解决特定问题。

第四节　联合国教科文组织在教育领域的作用

一、教育和终身学习促进长期的经济增长

主流经济分析强调增加小学和中学教育水平是长期经济增长关键驱动因素。数据显示初等教育的获得水平可以解释约一半东亚和撒哈拉以南非洲的增长率差异（教科文组织，2014 年）。

在个人层面，知识和技能工人通过教育和培训获得更多生产性。提供优质教育可以提高整个人口的知识和技能，而这种进步靠传统或非正式系统是难以实现的。对于商业，教育和高技能工人的培养促进生产力的提高和技术变革，这些可以通过创新和模仿实现。在社会层面，扩大教育帮助积累社会和机构资本，这对投资增长有很大的影响。它也有助于建立社会信任，发展参与性社会，加强法治和支持善政（Acemoglu 等，2014；Bjørnskov，2012；Knack & Zak，2003）。

　　最新数据显示，工作的高低技术含量造成了收入的两极分化，由于科学技术的进步，大量的中等技术水平工作逐渐被智能机器及硬件所代替，这就造成了大批中等技术工人的就业率逐年下降。而伴随科学技术进步的另一个趋势则是对掌握高科技技术人才的大量需求，这个层面的技术工作人员的就业率在逐年增长，自 1990 年以来，几乎增长了 40%。截至 2015 年，数据统计高级技术人员占整个劳动力市场的比例约为 20%。下图反映了 1991 年以来全球范围内技术的分层对就业率的影响。而这种趋势在未来几年很有可能将继续持续下去。

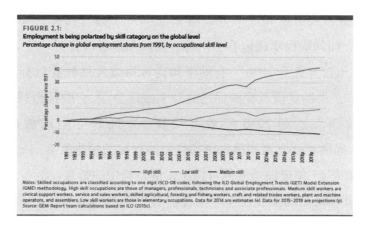

图 1.1

　　资料来源：《2016 全球教育质量报告》（Global Education Monitoring Report 2016），第 50 页。

　　未来将有大批的低技能工人面临被市场淘汰，同时高技人才的数量却可能无法满足社会需求。因此联合国教科文组织需要面向全球国家普及高等职业技术培训。同时社会对接受过高等教育以及至少拥有大专学历的人才需求将不断增加，因此联合国教科文组织面临着提升高等教育普及率的压力。此外，教育体系应当提供那些不易被机器和软件所替代的高价值技能，而不易被取代的最重要的两方面特质便是创新性和社会智能。前者是指创造性地解决问题的能力，后者是指精通社会和文化背景知识，能够轻松应对洽谈、合作、教育以及监督任务。[Citi GPS，2016；弗雷和奥斯本（Frey and Osborne）2013]。所以联合国教科文组织教育部门面临的艰巨任务就是探索如何将这些社会急需的能力通过各教育机构传授给学生。

二、教育为全球全民创造可持续的未来

2016 年在韩国仁川召开的世界教育论坛，把来自 160 多个国家的 1600 多名人员聚集在一起，凝聚起同一个教育目标，那就是到 2030 年，如何确保实现包容、平等、优质和终身教育。

"仁川教育宣言 2030"有助于塑造可持续发展教育目标"确保包容性和公平的优质教育和促进终身学习机会"。它委托教科文组织领导、协调和监测 2030 年教育议程。它还呼吁全球教育监测（GEM）提供独立监测和报告可持续发展目标的报告教育（SDG 4），以及在未来 15 年里提供其他可持续发展目标中的教育。

2030 年可持续发展议程呼吁我们对于面临的众多社会、经济和环境挑战，必须做出全局性和综合性的回应。这意味着必须打破传统的边界，促进高效、跨区域的合作。联合国教科文组织总干事伊琳娜·博科娃提出全民可持续发展关乎人类尊严、社会包容和环境保护。可持续发展的未来应当是人人共享繁荣成果的社会，而不是加剧经济的不平等；城市地区和劳动力市场应当给每个人带来经济活动的机会，企业发展也应当以绿色为本。可持续发展的理念坚信没有健康的星球人类是不能向前发展的。开始着手开展新的可持续发展议程需要所有人都反思终身学习的终极目标。如果议程能够朝着正确方向发展的话，那么教育将具有无可比拟的能力，从而培养

出有能力、有思想、有技能和积极参与的公民，进而促进世界朝着更加安全、绿色和公正的方向发展。

在可持续发展的框架内，教育将起到关键作用。"2030 年议程"将全球发展目标联系在一个框架内。SDG 4（Sustainable Development Goal 4）接续 MDG（Millennium Development Goals）和 EFA（Education for All）教育优先事项。2015 年 5 月，大韩民国仁川的世界教育论坛上，全球教育界的代表们签署了仁川宣言，将拟议的可持续发展目标 4 作为普遍教育目标，承诺使各国共同合作"确保促进包容、公平、优质教育的发展以及为全民的终身学习提供机会"。SDG 4 及其目标推进了一个模型，这个模型可以影响人们去创造更加公正、包容和可持续的社会。为推进实现可持续发展目标 4 及其目标，2015 年 11 月，全球教育界采取了 2030 巴黎教育行动框架。（教科文组织，2015a）

SDG4：教育目标

目标 4：确保包容平等优质教育

目标 4.1：到 2030 年，确保所有的男童和女童都能够接受免费、平等的小学和初中教育，从而有效地达到预期学习效果；

目标 4.2：到 2030 年，确保所有的男童女童都有机会接受优质的童年发展、关照和学前教育，从而使他们做好小学前教育准备；

目标 4.3：到 2030 年，确保所有的成年男女都可以平等地获得可负担得起的科技教育、职业教育、高等教育甚至大学教育；

目标 4.4：到 2030 年，对于拥有技术和职业技能的青年或成年人，要确保能够就业、获得体面工作和创业人数有质的提升；

目标 4.5：到 2030 年，消除教育上存在的性别不平等，确保弱势群体能平等地接受不同层次的教育和职业培训，包括残疾人、土著居民和弱势儿童；

目标 4.6：到 2030 年，确保所有的青年和大比例的成年人都具备读写能力和计算能力；

目标 4.7：到 2030 年，确保所有的受教育者能接触可持续发展所必备的知识和技能，其中包括可持续发展和生活方式的教育，人权、性别平等的教育，促进和平和非暴力文化的发展，促进公民全球化意识以及尊重文化多样性，促进文化对可持续发展贡献的认知；

贡献 4.a：建立和升级那些面向儿童、残疾人或具有性别差异的设备，从而为他们提供安全、非暴力、包容和有效的学习环境；

目标 4.b：到 2020 年，使面向发展中国家，尤其是发展程度低的国家、小的岛国以及非洲国家的奖学金种类在数量上有质的提升；使发展中国家和发达国家高等教育的入学率大幅提升，其中包括职业培训、信息交流技术、技术、工程和科学项目；

目标 4.c：到 2030 年，通过国际合作以及教师培训，向发展中国家，尤其是最欠发达的国家和岛屿发展中国家，大批地提供高质量的教师。

这些原则都声明教育既是一个基本的权利，也是一项使人能够多方面发展的权利，这是一种公众利益，需要社会的共同努力，这意味着公共政策制定和实施过程都需要更多的包容性，而且性别平等与这一权利有着不可分割的联系（教科文组织，2015a）。这些原则以人性化的视野来看待人权、尊严、正义和责任共同分担，并将其运用到教育中来。

三、促进女童和妇女教育

2015 年 9 月 25 日，在联合国可持续发展首脑会议上，会员国商定了新的发展愿景。可持续发展目标（SDG）的核心是"不让任何一个人掉队"这一原则。可持续发展目标 4 呼吁各国"确保包容和公平的优质教育，让全民终身享有学习机会"，可持续发展目标5则旨在"实现性别平等，增强所有妇女和女童的权利"。由184个会员国和全球教育界通过的《2030年教育行动框架》为落实可持续发展目标4提供了指导原则。

过去几十年间，教育领域取得了重大进步。然而，女童和妇女仍占辍学儿童和成人文盲的绝大多数。根据教科文组织统计研究所最新统计数据（2014），1500万女童将没有机会踏入课堂。在近7.58亿成人文盲当中，2/3为妇女，这一比例自2000年以来一直没有变化。即使在入学性别差距已经消除的地区，仍有许多女童提前辍学——特别是在少女阶段。这使她们容易遭受虐待和陷入贫穷，丧失未来人生中的各种机遇。

人们已经广泛认识到教育对女童和妇女的巨大惠益，其中包括决策能力增强，就业机会增加，暴力侵害和剥削减少，社区变得更加强大，社会变得更加包容。

自2000年在达喀尔启动全民教育（EFA）目标以来，取得了重大进步，主要是扩大了接受教育的机会，尤其是女童接受教育的机会。但是，战斗尚未结束。

女童和妇女教育之所以重要，是因为女童受过教育后，其人生的各个方面前景都会更美好，在个人、社会和发展诸方面会受益更多。女童和妇女教育是落实《2030年可持续发展议程》的必要条件。教科文组织的一项独特使命是加强教育部门的能力，确保女童和妇女能够接受优质教育并从中受益，充分实现其潜能，成为积极负责的全球公民。教科文组织在这一领域的工作包括：与各国政府合作，应对女童和妇女在各级各类教育中所面临的挑战；促进性别平等主流化和职业技术教育与培训（TVET）中的公平；防止并减少学校性别暴力；与主要利益攸关方合作，创造安全和健康的学习环境。

教科文组织还启动了"女童和妇女教育全球伙伴关系"，以消除扫盲和中等教育中的性别差距，并与联合国妇女署和联合国人口基金等姊妹机构合作开展"增强女童和少女权能的联合计划"。教育性别差距还不同程度地存在于世界不同国家和地区，下图反映了教育性别差距对女性造成的影响，体现在工作机会、工作领域、子女的存活率、健康、家庭暴力以及社会地位等方面的影响。

表1.2 体现了中东地区和欧洲地区在信息交流技术和教育行业的男女性别差异，可以看出，中东地区只有女性在这两种行业里所占的比例极少，而欧洲性别差异则不明显。

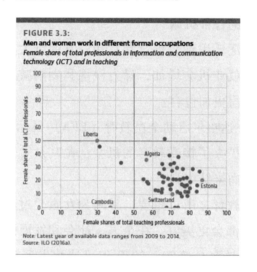

图 1.2

资料来源：《2016 全球教育质量报告》（Global Education Monitoring Report 2016），第 70 页。

图 1.3 显示了在不同国家和地区，在企业或政府处于领导职位的女性所占的百分比都相对较少，最高也没有超过 45%。

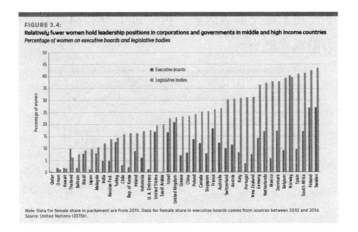

图 1.3

资料来源：《2016 全球教育质量报告》（Global Education Monitoring Report 2016），第 71 页。

图 1.4 反映了在不同国家和地区，财富和性别对受教育程度的影响，通过观察和比较得知，同男性相比，女性在受教育的程度和机会方面都相对处于劣势。

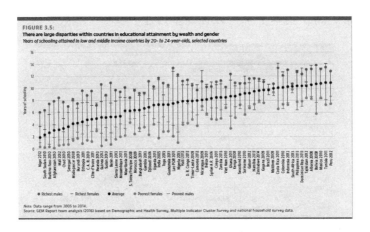

图 1.4

资料来源：《2016 全球教育质量报告》（Global Education Monitoring Report 2016），第 74 页。

图 1.5 反映了在大多数国家，接受过中等和高等教育的女性遭受家庭暴力的概率更小。

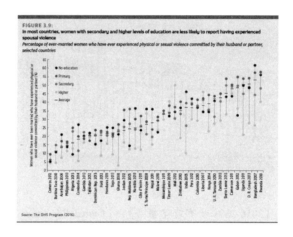

图 1.5

资料来源：《2016 全球教育质量报告》（Global Education Monitoring Report 2016），第 81 页。

图 1.6 反映了在大多数妇女具备读写能力的地区，她们的孩子的存活率更高，基本上都可以在 5 岁以上。

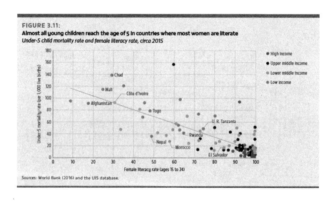

图 1.6

资料来源：《2016 全球教育质量报告》（Global Education Monitoring Report 2016），第 83 页。

　　图 1.7 反映了在经合组织国家，尽管接受中等教育程度差异不等，但是妇女的收入持续地低于男性。

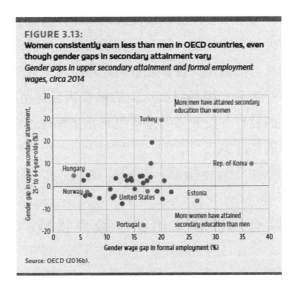

图 1.7

　　资料来源：《2016 全球教育质量报告》（Global Education Monitoring Report 2016），第 88 页。

　　如果把享有健康权和过有尊严的生活的权利视为衡量社会进步的指标的化，那么教育则是社会进步的强大赋权因素，起着关键的作用。教育是保障人们能够过上健康生活以及有能力改善子女生活的关键所在。教育在促进社会性别平等方面也起着强大的改革作用，教育可以提升弱势群体的话语权和参与权，而弱势群体中女童和妇女的比例要占绝大多数。教育是和生活的其他方面相互交织、紧密联系的。教育是健康、卫生、营养以及婴儿存活状况等方面的保障。然而，教育的进步还没有强大到可以完全应对社会发展带来的挑战。在提升女童受教育程度方面虽然取得了巨大进步，但这对女童和妇女的经济状况和生存机遇方面并没有产生太直接的影响。要想切实实现性别平等、减少不公平以及人类健康和生存状况，需要超越教育领域的多方广泛参与，同时也需要多方面战略指引。

联合国教科文组织在教育领域发挥的作用涉及方方面面，教育可以为人类提供知识和技能，提升人们的思想，从而间接促进经济的长效增长和社会的进步；教育促进构建可持续发展的未来，使人类生活得有尊严；联合国教科文组织的教育项目对消除性别歧视，促进妇女儿童的教育方面取得的进步更是意义深远，它有利于整个全球社会的发展和进步。

第五节　联合国教科文组织在教育领域的资金来源

没有足够的资金支持，任何计划或战略都难以执行。联合国教科文组织在 2000 - 2015 年间的全民教育（EFA）目标没有取得突破进展，其中一个重要的因素就是缺乏足够的资金支持。联合国教科文组织在教育领域的资金来源主要有国际援助、各国国内资金的支持（主要是通过纳税人的缴税、私人援助和信托基金）、私有捐助、社会民间捐助以及其他多方面的资金支持。

然而联合国教科文组织教育部门所能筹集的资金在支持全球教育事业的发展时，仍面临许多问题。为了实现可持续发展目标，目前已经有多种途径去试图弄清楚需要花费多少资金以及资金应由谁来提供的问题。据最新的估计，要想实现 2030 年可持续发展议程的目标，需要每年由公共或私有领域额外提供大约占全球国内生产总值 1.5% - 2.5% 的资金数额，用于支持实现该目标。而低收入国家则需要增加约占 GDP 4% 的预算用于教育领域（Schmidt - Traub，2015）。

　　为实现可持续发展目标，调动更多的国内资源将起到关键作用。然而很多国家目前存在偷税漏税的现象，这就间接降低了教育资金投入，解决这一问题就成了全球的责任。此外，存在的问题还包括资金非法流动，即国家间的金钱和资本的非法流动，这些都是政府不作为，相关机构功能弱化以及伴随的腐败造成的。确保教育有充足的资金支持，寻找更多的渠道从而筹集更多的资金是非常关键的一点。目前许多国家的政府为确保资金投入教育事业，均采取专款专用的政策，提高了款项去向的透明度和有效性。此外，援助是促进增加国内教育资金投入的催化剂。教育资金援助没有有效地流向最需要的地方是另一重大问题，这一问题主要体现在向不同国家的基础教育援助投入的不平等，以及由于捐助者受政治和经济利益驱动，这就造成了对早期儿童教育和高等教育的资金投入悬殊图。

　　联合国教科文组织教育部门的资金筹集是来源于多种渠道，主要是通过国际援助、国内援助、公共以及私人捐助。教育建设资金数额上每年还存在一定的缺口，在教育资金分配上，还存在着分配是否合理以及是否均衡等问题，局部地区的教育基金捐助流动去向还存在透明度以及灵活性等问题。所以联合国教科文组织在促进全球教育发展的同时，仍面临资金来源及分配等方面的挑战。

第六节　联合国教科文组织教育领域作用机制评价

　　虽然联合国教科文组织一直在引领实现全民教育的行动，自1948 年成立以来，联合国教科文组织一直把教育作为人的一项基本权利来不断推动。然而，它在执行运行的过程中也不尽完美，仍存在一些问题。比如说联合国教科文组织并没有一直做到能够确保整个教育作用机制的有效性，以及为其成员国所提供的服务上的有效性。而且由于人才资源和经济资源的改善，同联合国教科文组织起着类似作用的一些组织也同时增强了在改善全球教育方面的角色，所以这也对联合国教科文组织教育层面的作用带来了挑战和压力。

功能的重合、重复以及低效率与不同机构之间的竞争都成为常常被人们提出的批评之处。同时，该组织在教育发展援助方面的有效性也成为亟待解决的问题。联合国教科文组织如何继续保持它在实现全民教育过程中领导以及统筹地位值得引起重视。当今形式下，联合国教科文组织还面临着迫切提升教育质量的问题。许多国家还沿袭着传统的教育体制，然而这些体制并不能完全适应当前的挑战。国际层面、国家方面以及政府、经济、社会、媒体等方方面面还有待加强合作，只有这样，国际社会关于改进教育质量的使命才能落实。随着人口大幅度增长，入学率的保证度还有待落实。青少年的教育、心理疏导、教育质量等问题也成为联合国教科文组织的一个巨大挑战。教学方法需要不断创新，许多国家和区域教师的待遇还有待提升，同时教育应该帮助青年适应社会的需要、教育的可持续发展都是一系列需要面对和解决的问题。

应对这些挑战，联合国教科文组织需要创新体制，提高运作效率，要采取措施保证政策和教育项目的有效性。还要更大力度地保证更多的人获得受教育机会，为更多的人提供更高质量的教育。联合国教科文组织只是一个促进教育、科技、文化发展的组织，真正的力量还在于国家、在于区域、在于人民力量的凝聚和合作。因此联合国教科文组织要在政策上创新引导，更重要的在于国际、国家间以及不同组织之间更好、更高效地合作执行。

第二章

科学领域的运行

第一节　联合国教科文组织科学领域简介

为了于人之思想中构建和平和人类的福祉，为了实现持续发展，UNESCO 一直与其成员国和各方伙伴一起致力于科技发展。它是联合国旗下的专门机构之一，"S" 便是 science（科技）的首字母，寓意在科技发展方面的重要职责。自 1945 年成立以来，UNESCO 作为催化剂，协助建立了许多现在科技方面的领导机构和组织，比如 CERN（欧洲原子能研究机构）；还有一些促进持续发展和人类安全福祉的重大举措和计划，比如人与生物圈计划，国际水文计划，以及政府间海洋学委员会。这些都是 UNESCO 在第一个十年里的成就。

其工作使命主要包括以下几项：

（一）促进国际社会在科技方面的合作；

（二）促进科学家和决策者之间的对话；

（三）提升科技能力；

（四）提倡发展科学；

（五）构建一个思想交流和统一标准的平台；

（六）在全世界范围内实施科技项目。

UNESCO 领头了许多科技领域的国家项目，这些项目大致涉及淡水、海洋、生态、土壤和基础科学。每个国家的科技政策对于 UNESCO 在科技方面的努力有着至关重要的作用。科技发展重点考虑发展中国家，特别是非洲，同时强调科技领域的性别平等。还包括减少自然灾害、生物多样性、工程学、科学教育、气候变化和持续性发展等方面的努力。要想解决我们今天面临的如气候变化和青年失业等挑战性问题，就必须进行多方合作。在这方面，UNESCO 提倡科学技术知识在教育、文化和交流等领域的流动性。由自然科学助理总干事弗拉维·施莱格尔（Flavia Schlegel）领导的自然科学部门大概有 120 名员工，负责通过 UNESCO 巴黎总部和世界各地的办事处来实施各项科技项目。[①]

致力于科技的具有区域授权的办事处有以下这些：

表 2.1

办事处名称	所在地区
内罗毕	非洲
雅加达	亚太
威尼斯	欧洲和北美
开罗	阿拉伯
蒙得维的亚	拉美和加勒比

除了以上分散世界各地的办事处，UNESCO 自然科学部门还通过以下机构促进项目的实施：

---

① http：//www. unesco. org/new/en/natural－sciences/about－us/about－us/.

表 2. 2

机构名称	所在国
水教育研究所	荷兰代尔夫特
国际理论物理中心	意大利里雅斯特
统计研究所	加拿大蒙特利尔

UNESCO 的组织机构大致分为两种，一种是像以上的三个机构，是 UNESCO 这个整体的一部分。虽然它们都属于自治机构，但是它们所实施的项目都是 UNESCO 自然科学部门下的一部分。这些机构帮助成员国发展其科技水平，特别是针对发展中国家。另外一种机构是由 UNESCO 赞助，但并不是 UNESCO 这个组织的有效组成部分。它们必须是在 UNESCO 大会上通过正式授权才成为 UNESCO 的下属机构。它们的主要职能就是通过特定领域的能力建构，信息分享，理论与实践研究来辅助 UNESCO 项目的执行。像这样的致力于水资源、可再生能源、科技政策、生物技术、地理科学、基础科学和遥感技术领域的机构大概有 50 个。①

合作能够增效，能够提供新的视角，能够减轻负担缩小成本，能够使 UNESCO 更好地发挥其在科技领域的作用。为了各种科技项目的实施，UNESCO 自然科学部门与很多政府机构和私人机构都有密切的合作关系，特别是与联合国的机构部门。UNESCO 世界各地科技领域的办事处或者机构在巴黎总部的带领下组成了一个网状的关系脉络，互通有无、互利共享。以上提到的世界各个地区的授权办事处都是这个网络的重要组成部分。

① http：//www. unesco. org/new/en/natural – sciences/about – us/how – we – work/in-stitutes – centres/.

第二节　UNESCO 的五大科学计划

（International Science Programmes）

UNESCO 的科技项目主要通过它的四个国际科学计划：国际水文计划、人与生物圈计划、国际地学计划和国际基础科学计划，以及一个重要组织机构政府间海洋学委员会来实施的。它们分别在水资源、生物圈、地学、基础科学以及海洋领域通过促进各方合作，增强各方科技能力，共享科技效益，实现持续性发展，为全球自然科学领域的发展提供了有力的理论和实践支撑。

一、国际水文计划（International Hydrological Programme）

UNESCO 国际水文计划（IHP）是为期 10 年。是由国际水文科学协会于 1961 年提出，UNESCO 于 1964 根据教科文组织第十三届大会决议批准成立的水科学领域中一项重要的国际合作计划。该计划旨在开展国际性水科学研究，并进行水科学的国际培训和信息传播，以期提高各国政府决策人员和公众对水科学的认识，加强会员国制定水资源总体规划的能力，解决重大的水资源与管理问题和跟水有关的社会经济发展问题。国际水文 10 年的宗旨是，从人类合理利用水资源的角度出发，加速对水文及水资源的研究，促进这些领域内的国际合作。国际水文 10 年包括：（1）估价世界现代水文科学的状况，确定其主要空白点；（2）实现水文测验仪器、观测方法、技术名词的标准化；（3）设置基本水文站网，改善已有站网，搜集和整编水文基本资料；（4）在不同气候、地质、地形条件的地区，设置代表性流域和实验流域进行水文实验研究；（5）进行特殊自然条件下专门水文问题的研究；（6）水文科学理论与实践的教育和训练；（7）情报交流和出版。

国际水文 10 年的机构包括协调会议和国家委员会。协调会议设在教科文组织内，下设秘书处和工作组或专家组：世界水文平衡工作组、水文图集工作组、洪水及其计算工作组、地下水勘探活动指导专家组、冰川水文工作组、咸水的水文问题专家组、人类活动对水文循环的影响工作组、水文预报专家组、水文方法及技术标准化专家组、核技术在水文学中的应用工作组、水文教育及训练工作组、情报及出版物交换工作组、水文资料的取得及传递工作组、站网规划设计专家组和代表性流域及实验流域工作组。国家委员会是成员国在本国设立的相应机构，制定本国的 10 年计划并组织实施。① 中国于 1974 年开始参加 IHP 活动，1975 年成立了"中国国际水文计划国家委员会"，秘书处设在水利部。IHP 中国国家委员会代表我国政府参加教科文组织在水文领域的科研教育等活动的组织工作，参加了历届政府间理事会，是多届政府间理事会成员或副主席。1984 年 7 月，中国与教科文组织合作在北京成立了"国际泥沙研究培训中心"。多年来，该中心举办了各种国际培训班、研讨会活动。通过这些活动，中国在人员培训和河流泥沙治理技术领域的努力和成就引起了国际上的广泛注意。1996 年，中国代表团在 IHP 第 12 届政府间理事会上提出在我国河海大学成立"国际水文、水资源、水环境培训研究中心"的建议被通过。1998 年 10 月，"中心"正式成立。该中心在水文水资源及环境领域内开展广泛的国际合作和交流，举办国际会议，结合热点问题举办国际研讨班，逐步发展到提供学历教

---

① http：//www.chinabaike.com/article/33/34/35/2007/20070621135143.html.

育，举办国际研究生班。中国在教科文组织 IHP 的工作得到国际同行的高度评价。①

二、人与生物圈计划（Man and the Biosphere Programme）

人与生物圈计划（MAB），是 UNESCO 科学部门于 1971 年发起的一项政府间跨学科的大型综合性的研究计划。生物圈保护区是 MAB 的核心部分，具有保护、可持续发展、提供科研教学、培训、监测基地等多种功能。其宗旨是通过自然科学和社会科学的结合，基础理论和应用技术的结合，科学技术人员、生产管理人员、政治决策者和广大人民的结合，对生物圈不同区域的结构和功能进行系统研究，并预测人类活动引起的生物圈及其资源的变化，及这种变化对人类本身的影响。为合理利用和保护生物圈的资源，保存遗传基因的多样性，改善人类同环境的关系，提供科学依据和理论基础，以寻找有效地解决人口、资源、环境等问题的途径。人与生物圈计划受到世界各国的重视，已有 100 多个国家参加，有的国家已成立了人与生物圈国家委员会。

MAB 国际协调理事会为国际 MAB 的最高权力机构。其重要职责是指导和监督 MAB 计划的实施，协调与其他国际科学计划的关系。每年召开一次大会。中国为该组织的理事国。组织规模：到目前为止，已有 100 多个国家参加了该计划。自 1992 年联合国环境与发展大会后，MAB 结合生物多样性公约等重要的国际性公约开展活动，明确提出了通过生物圈保护区网络来研究和保护生物多样性，促进自然资源的可持续利用。生物圈保护区是按照地球上不同生物地理省建立的全球性的自然保护网。世界人与生物圈委员会把全世

---

① 程琳、朱晓原、何惠、刘志雨、余达征、朱传保：《国际水文合作与教育培训》，《水文》2006 年第 3 期，第 81 页。

界分成 193 个生物地理省，在这些生物地理省中，选出各种类型的
生态系统作为生物圈保护区。它不仅要具有网络的特征，还要把自
然保护区与科学研究、环境监测、人才培训、示范作用和当地人民
的参加结合起来，其目的是通过保护各种类型生态系统来保存生物
遗传的多样性。生物圈保护区具有 3 个特点：首先，它是受保护的
典型环境地区，其保护价值需被国内、国际承认。其次，各保护区
组成一个全球性网络，共享生态系统保护和管理的研究资料。最后，
保护区既包括一些受到严格保护的"核心区"，还包括其外围可供研
究、环境教育、人才培训等的"缓冲区"，以及最外层面积较大的
"过渡区"或"开放区"。开放区可供研究者、经营者和当地人之间
密切合作，以确保该区域自然资源的合理开发。

人与生物圈计划共有 14 个研究项目①：

表 2.3

序号	研究项目
1	日益增长的人类活动对热带、亚热带森林生态系统的影响
2	不同的土地利用和管理实践对温带和地中海森林景观的生态影响
3	人类活动和土地利用实践对放牧场、稀树干草原和草地（从温带到干旱地区）的影响
4	人类活动对干旱和半干旱地带生态系统动态的影响，特别注意灌溉的效果
5	人类活动对湖泊、沼泽、河流、三角洲、河口、海湾和海岸地带的价值和资源的生态影响
6	人类活动对山地和冻原生态系统的影响

① http://baike.baidu.com/link? url = 3ivFb9KgicXsWZSpk4st6XGKR33S7nehYSe1749d – TIvbyv5hPPiAh9w4n8uRRwVcUXyUQXF8ZB8F1T—9 – T_ K.

续表

序号	研究项目
7	岛屿生态系统的生态和合理利用
8	自然区域及其所包含的遗传材料的保护
9	病虫害管理和肥料使用对陆生和水生生态系统的生态评价
10	主要工程建设对人及其环境的影响
11	以能源利用为重点的城市系统的生态问题
12	环境变化和人口数量的适应性、人口学和遗传结构之间的相互作用
13	环境质量的认识
14	环境污染及其对生物圈的影响

三、国际地学计划（International Geoscience Programme）

国际地学计划（IGCP），是 UNESCO 的五大科学计划之一，亦是联合国系统（the United Nations System）唯一的国际地学计划。该计划由 UNESCO 和国际地质科学联合会（IUGS）于 1972 年共同发起，并于 1974 年正式实施至今，全球已有 150 多个国家和地区的数千名地球科学家积极参与，其主要优势在于拥有一个覆盖基础研究设施和高水平人力资源的世界网络。截止到 2005 年底，已批准实施了 295 个项目，其中 254 个区域性与全球性的地球科学研究项目已先后完成。国际地球科学界普遍认为 IGCP 是对各国科学家开放的固体地球科学领域内一项最为成功的计划，为地球科学家进行项目合作提供了一个国际平台，是最为引人关注的 UNESCO 科学计划之一。IGCP 创建的目的是通过合作研究、会议和讨论会的方式，将世界各地的科学家汇集到一起，加强互动，尤其是发达国家与发展中国家之间的互动。IGCP 项目内容包含地质科学的全部分支（涉及地质学、地球物理学、地球化学等各个专业领域），具有跨学科性的特点，并与水及海洋科学、大气科学、生物科学（水圈、大气圈、生物圈）等有着密切联系。科学执行局（Scientific Board）是 IGCP 的领导与决策机构，负责对各实施项目的年度报告和新项目建议进行评议和审议。科学执行局成员由各国 IGCP、IUGS 国家委员会提名推荐候选人，由 UNESCO 总干事和 IUGS 主席共同遴选任命。IGCP 的常设管理机构是秘书处（Secretariat），负责 IGCP 事务和项目的管理与协调。IGCP 秘书处设于 UNESCO 总部生态与地球科学部内。国家委员会是 IGCP 各成员国的国家领导机构，负责组织国内 IGCP 重要科学活动、支持新项目建议、推荐 IGCP 科学执行局新成员候选人，负责向 IGCP 秘书处提交国家委员会年度报告。①

加深对地球的了解有助于人类社会的发展和多样性。地学计划对于环境保护和持续发展问题有非常关键的作用。在过去的 40 多年里，UNESCO 和国际地质科学联合会通过 IGCP 紧密协作，促进全球在地学领域的合作。IGCP 为世界科学家们提供了一个通过不断实践而推动知识前沿的平台。从 2011 年开始，IGCP 的工作重心主要放在以下五个方面的工作上：

（一）地球资源。对自然资源的了解是实现可持续性发展和公正发展的第一步。无节制的开采对于地质科研来说是一个巨大的挑战，开采技术的进步也是应对这一问题的措施之一。

（二）全球变化。地球上的生物变化和气候变化都被保存在地质

---

① 刘敦一、董树文：《国际地学计划（IGCP）——中国地学与世界互动的平台》，《地质论评》2012 年第 3 期。7http：//www. unesco. org/new/en/natural - sci-ences/environment/earth - sciences/international - geoscience - programme/igcp - projects/.

记录里。冰尘记录，陆地和海洋沉积物以及动植物化石等等这些对于今天的环境问题都有非常重要的借鉴作用。

（三）地质灾害。地质灾害包括地震、火山活动、滑坡、海啸、洪水、陨石撞击以及地质材料对健康的危害。其范围可能从小区域性的岩滑和海岸侵蚀波及致命性的超级火山爆发和陨石撞击。地学家们的研究也是为了更好地理解这些灾害问题，然后提出相应的措施应对风险，进而为地质灾害和减灾方面的政策提供参考。

（四）水文地质学。地球上的所有生物都需要水，所以水的可持续利用对于人类活动至关重要。水资源问题包括对于水的各项研究，对于地下水系统的科学管理，水文地质学研究，还有对水源以及水污染和水资源系统的脆弱性等多方面的探索。

（五）地球动力学。人类在地球表面的可居住环境与地球深处的各项运动紧密相关并且受之控制。为了更好地了解我们居住的这个动态的星球，地学家运用物探方法深入地球内部探究其地磁场和板块构造的变化。地球内部的这些运动都和自然资源的开采、地下水资源的分布和管理以及像地震之类的自然灾害有着非常密切的关联。

四、国际基础科学计划（International Basic Sciences Programme）

国际基础科学计划（IBSP）是由 UNESCO 成员国建立的一个国际性多学科项目，旨在加强政府间以及相关科研机构间的合作，以达到增强自然科学和科技教育领域的能力。基础科学不仅注重新的科学发现，还注重把科技成果实际应用到人类的各种活动中来，以达到教育、文化等领域的进步。基础科学的进步意味着技术上的突破，意味着人类需求的更大满足，意味着经济效益和持续发展。

现如今，基础科学的进步是其他各方面比如医药、信息通信技术、空间技术、生物纳米技术，环境以及农业等领域进步的先决条件。同时，还是教育领域发展的基础，因为它能提供全民所需的科技知识和科学技术。如今的社会是知识型社会，所以公民要想有机会参与其中，一定的科技知识是必备的。尽管基础科学已经成为社会发展所不可缺少的科学杠杆，但实际上基础科学进步所带来的效益的分布却是不均的。许多国家被排除在这一过程之外，更别说是享受其带来的利益。基础科学领域的差距从而又导致了其他各领域的差距。其实，不仅发展中国家在基础科学领域发展缓慢，甚至许多发达国家在这方面也缺少支撑性的政策和计划。

　　基于这样的情况以及 UNESCO 在科学计划方面的经验，其成员国决定强力发展政府间的合作以增强科技和科技教育方面的实力。由此，IBSP 项目正式被发起。UNESCO 各个成员国之间经过持续的合作和对话后对 IBSP 项目的目标达成了一致：（1）通过国际和区域合作增强基础研究、培训、科技教育以及科技的普及能力。（2）通过南北合作和南南合作实现科技知识的共享。（3）加强科学家与决策者之间的沟通，增强普通民众的科学意识。为了完成这些目标，IBSP 希望通过与各个国家的、区域的以及国际的组织和机构合作而展开较有针对性的活动。

　　和 UNESCO 的 IHP 和 MAB 等几个国际科学项目相比，IBSP 实施时间不长。它是 2005 年才开始执行，才刚刚完成第一阶段。该计划与第三世界科学院（TWAS）、国际科学理事会工会（ICSU）、欧洲核子研究组织（CERN）以及其他科研机构合作，努力推进南北合作和南南合作。并且 UNESCO 早期在这方面的一些活动为 IBSP 提供了借鉴，明确了方向。在这些活动之中，有三个非常重要的项目。第一个是贝宁外国授助，比利时和美国的机构在非洲实施的物理数学方面的项目，叫作当代数学物理领域问题研讨会。第二个是由英国和肯尼亚的机构所发起的微生物多样性保护和持续使用研究中心。

第三个是由印度、哈萨克斯坦、俄罗斯以及越南的机构所执行的等离子体性质，实验和应用的基础研究。在 2005 – 2007 年，UNESCO 实施了大概 40 个 IBSP 项目，这些项目都是由成员国提案的。它们能够得到 UNESCO 的支持，致力于通过区域或者国际合作实现科技能力的构建。在这期间，许多非常好的项目会被选为优先项目优先实施。这些项目的实施离不开各个国家或者区域之间在科技领域的紧密合作，以达到共享科技成就。比如有的项目为中东国家提供同步辐射装置，利用同步辐射光源来实现物理、生物、化学还有卫生保健和高科技等领域的研究。有的项目旨在为非洲的大学和科研机构建立电子图书馆和资源库，还培养科技各领域人才。这样的项目为 CERN 和 UNESCO 的合作打开了新局面。①

五、政府间海洋学委员会（Intergovernmental Oceanographic Commission）

政府间海洋学委员会（IOC）简称海委会，于 1960 年 11 月成立，是联合国教科文组织下属的一个为通过科学调查增加人类关于海洋自然现象及资源知识，促进各国开展海洋科学调查研究和合作活动而建立的国际性政府间组织。本组织与许多政府机关、民间机构、团体联络，进行海洋调查、大气调查、海洋环境污染调查、地图绘制、海啸等方面的情报服务、研究进修等活动。已有百多个国家参加本组织。

委员会的宗旨是通过会员国的活动，促进海洋科学调查，以增进对海洋性质和资源的了解。其职能为：（1）确定海洋科学调查方

---

① International Basic Sciences Programme: Harnessing cooperation for capacity building in science and the use of scientific knowledge, UNESCO Natural Sciences Sector Division of Basic and Engineering Sciences, 2008.

面的国际合作项目，并审议调查的成果；（2）制订、推荐并协调需
要会员国一致行动的国际海洋科学合作计划；（3）与其他国际组织
共同制订、推荐并协调需要采取一致行动的国际海洋科学合作计划；
（4）向与本委员会计划有关的国际组织提出建议；（5）促进海洋资
料的交换和海洋科学调查成果的出版和发行；（6）提出加强海洋科
技教育和培训计划的建议；（7）制订海洋科技方面的援助计划；
（8）就制订和执行联合国教科文组织的海洋科学计划提出建议并提
供技术指导；（9）促进海洋科学调查自由，并保护沿海国家在其管
辖范围内进行科学研究的权益；（10）代表联合国系统与海洋计划有
直接关系的组织开展工作。①

　　海委会自其成立以来，就与联合国系统中与海洋有关的各组织
有着密切的关系，如联合国粮农组织、世界气象组织、政府间海事
协商组织以及国际原子能机构和世界卫生组织等，在其业务范围所
涉及的水产资源、气象预报、海洋污染监测和航海保证等方面密切
合作，取得若干成果，如配置海洋观测网、分配便于自动传输海洋
资料的高频频带、研究海—空相互作用、监测海洋污染等。其中，
世界气象组织的海洋气象研究咨询委员会是海委会的科学咨询机构。
海委会为便于开展工作，还与联合国系统之外的若干政府间的和民
间的国际组织密切合作。例如，与地中海总渔业理事会和国际地中
海科学考察委员会联合计划、执行和协调地中海合作调查计划；
与国际北大西洋渔业委员会和国际海洋考察理事会联合计划、执
行和协调东中大西洋北部合作调查计划，协调北大西洋区域的各
种调查计划的制订与执行；与国际水文组织联合收集和管理大洋
水深测量资料，也编制各种比例的通用大洋水深图等。此外，海

---

① http：//baike. baidu. com/link? url = xss2s10773nAdEz6O6bo_ ytEhPYYEg6lXQvIunq
PLBcxSEAnUDY5waLIYI5jvw4Dx2SNgFElLKWTk4S0fPMKS_ .

委会还与国际上的许多民间专业组织保持着密切的联系。它的一些与海洋科学调查有关的课题有相当部分是委托这样一些组织承担的，也委托它们提供有关方面的咨询，对海委会提出的问题做科学上的回答，也评论海委会的工作。当然，海委会也向这些组织提供一些援助。①

1969 年海委会第六届大会通过的"海洋勘探与研究长期扩大方案"，是海委会活动的总体规划。据此，海委会活动可分为 3 个主要方面：(1) 海洋科学方面。主要内容包括修订长期扩大方案，拟定与开发海洋资源，研究世界气候有关的科学计划，实施全球海洋环境污染调查综合计划并发展海洋污染监测系统，支持和组织区域海洋调查等。长期扩大方案通过之前，经海委会协调的重要国际合作活动有：国际印度洋考察（1959–1965），国际热带大西洋合作调查（1963–1964），黑潮及邻近水域合作研究（1965–1977），加勒比海及邻近水域合作调查（1970–1976）等。(2) 海洋服务方面。主要内容包括全球综合海洋服务系统，太平洋海啸警报系统，国际海洋资料交换和海洋情报管理等。(3) 培训、教育和互援方面。主要内容包括估价会员国对培训、教育和互援方面的要求，提供海洋调查船航次情报，组织编写海洋科学教学用书，支持短期培训，资助各种学术研究和培训班，促进其他各种形式的海洋科学技术知识转让等。②

---

① 《政府间海洋学委员会基本情况》，《海洋科技资料》1975 年第 7 期。
② http：//baike. baidu. com/link? url = xss2s10773nAdEz6O6bo_ ytEhPYYEg6lXQvIunq PLBcxSEAnUDY5waLIYI5jvw4Dx2SNgFElLKWTk4S0fPMKS_ .

第三节　UNESCO 的科技政策

一、UNESCO 科学政策项目（Science Policy Programme）的历史发展

1965 年到 1991 年期间，UNESCO 特别注重像法国、德国、日本、美国和韩国等发达国家的科技政策和科研机构的发展。在 20 世纪早期，UNESCO 对于科技政策这一方面重视不够，成员国家对于科学技术方面的支援请求得不到应有的回应。在 1988 年至 1993 年期间，UNESCO 的科技政策规划（STP）升级为科学技术与社会规划（STS）。

此项规划主要有三个方面的内容：（1）发扬和提升社会科学技术文化。建立了与世界科学记者联盟和科学博物馆规划国际研讨会类似的组织。（2）注重科技政策管理和人才培养，为科技政策的颁发储备思想，建立这方面研究和培训的区域网络以便大家资源共享。（3）科学道德建设。从 2000 年开始，这方面的事务由 UNESCO 的社会人文科学部门主要负责。

1993 年第 27 届 UNESCO 大会叫停了 STS 项目，主要原因是想把 UNESCO 的精力和资源集中在小范围的优先区域内。虽然 STS 项目被叫停，但是大会也评估了科学、技术和社会等领域的相关问题，并且邀请 UNESCO 总干事 Federico Mayor 来总体负责这些问题。Federico Mayor 邀请了许多这方面的专家组成智囊团。专家们在 1994 年 7 月提交了一份评估报告。报告中称，应该尽快发起科学和社会相关的项目，采取行动解决资源分配和支撑结构等相关方面的问题，以便下一个中期计划（1996 - 2001）的顺利实施。最终，在 2002 年，建立了科学分析和政策部门，由此 UNESCO 重新开始重视国际科学政策这一领域。

近些年来，UNESCO 和一些姐妹组织以及合作伙伴一起开展了对阿尔巴尼亚、巴林、博茨瓦纳、刚果、黎巴嫩、尼日利亚、秘鲁、摩洛哥等许多国家科学政策系统的评估和研究。2005 年，科学分析和政策部门更名为科学政策和可持续发展部门，提倡政府应该颁布和实施更多科学，技术方面的政策措施，以实现持续性发展。2011 年和基础工程科学部门合并后又更名为科学政策与能力建设部门。①

二、科技创新政策（Science，Technology and Innovation Policy）

UNESCO 协助其成员国制定科技创新政策（STI）相关方面的政策、措施和计划。同时协助其改革科学系统和科技管理，认清在新的发展形势下怎样的政策有助于科技的发展和普及。这些问题涉及政策的制定、实施、监管和反馈等诸多环节，与每个国家国内的科技活动密切相关。从 2004 年开始，在其政府的要求下，UNESCO 就开始协助尼日利亚和刚果共和国改革他们的科学系统，在 2008 年坦桑尼亚联合共和国也得到了这样的协助。2005 年，UNESCO 对非洲国家实施科技综合行动计划。2007 年 10 月，UNESCO 大会通过了在非洲国家实施 STI 的提案，该提案被作为科技综合行动计划中的项目之一，旨在发展非洲国家的科技创新政策。更重要的一点是通过 STI 项目，使得非洲国家在这方面的政策更具针对性。从 2008 年到 2010 年，一项为实现能力构建和 STI 政策支撑的项目在中非开展，主要负责各个小区域的培训工作。二期项目从 2011 年至 2014 年 12

---

① http：//www. unesco. org/new/en/natural - sciences/science - technology/sti - poli-cy/a - brief - history - of - unescos - science - policy - programme/.

月开展，相比一期项目而言，此次项目无论在地理范围方面还是财政方面都有扩大和增加。撒哈拉以南的 21 个非洲国家（贝宁、博茨瓦纳、布基纳法索、布隆迪、佛得角、刚果、中非共和国、科特迪瓦、加蓬、苏丹、赞比亚、津巴布韦等）的官员请求技术援助，二期项目主要是解决这个问题。

为了满足成员国的要求，UNESCO 提出了一些本不在计划内的额外的提案，其中最重要的一项就是完成并批准了对 11 个国家的 GO – SPIN（下一节将会详细阐述）调查以及出版了博茨瓦纳、马拉维和津巴布韦三个国家的国情简介。UNESCO 从 2002 年开始协助东南欧国家重建他们的科学系统。在过去的五年里，UNESCO 也协助其他地区的国家改革完善其科学系统。这些国家包括阿塞拜疆、伊拉克、黎巴嫩和蒙古国。同时，UNESCO 也为阿拉伯科技行动计划和拉美及加勒比地区科技创新政策区域战略行动计划的战略细化提供制度保障。[①]

三、科学政策信息网络全球观测（Global Observatory of Science Policy Information Network）

科学政策信息网络全球观测项目（SPIN）是由 UNESCO 拉美及加勒比地区科学区域办事处在 2010 年发起的。SPIN 是一个配备完善的强大的数据库，只需要点一下鼠标就能获取其中的信息，这些信息都带有图表分析，非常清晰明了。这些信息可供世界各地的科技专家免费使用。SPIN 在拉美和加勒比地区实施，定期更新这个区域内 33 个国家的相关信息。现在，UNESCO 已经把 SPIN 这个平台扩展到其他的发展中国家。这个项目的最终目的是希望能把 130 多个

---

① http：//www. unesco. org/new/en/natural – sciences/science – technology/sti – policy/.

发展中国家的信息全部纳入其中。为了实现这个全球性的目标，UNESCO 将会和欧委会时代观测平台合作，因为它的数据信息已经覆盖了大约 70 个发达国家和新兴国家。SPIN 将会使这两个平台的信息兼容。除了类似的合作，UNESCO 背后还有一套非常完善的信息服务系统，包括：

（一）一份关于此区域内每个国家创新体系西班牙语和英语版的详细清单，其中包括这些国家的体制结构和正在实施的国际合作主要项目的详情。

（二）一个包含此区域每个国家相关的法律体制的数据库。

（三）一份关于此区域 33 个国家实施的 900 项不同的科技财政政策详情的目录。

（四）一个包含 170 多个在科技方面能够实现技术和财政合作的国家国际组织和非政府组织信息的数据库。这些机构会按区域、合作类型、地域集中性和受益类型被分类。

（五）一个西班牙语和英语通用的强大的地理参考分析软件，其中包括了 450 个时间序列，有一些甚至是从 1950 年到现在的。这些实践序列包含很多项指标：经济的、社会的、性别的、环境的等各方面。此软件还能进行不同指标之间的解析估算。可以把这些指标随着时间推移产生的变化和其他地区或国家进行比较，从而为决策者和专家分析提供参考。

（六）一个专门研究 STI 的电子图书馆，里面有 UNESCO 整合编排的 800 多个主题的书籍内容。

（七）一份包含了所有此区域国家的国别评估报告，其中包括所有 SPIN 的信息，这些信息都被转换成 PDF 文档供大家取阅。

这样一个强大齐全的数据库不论是为专家和科学家的研究还是为决策者制定政策都提供了宝贵且充足的参考信息，所以 SPIN 是

UNESCO 在科技领域非常重要的项目，最终它还会吸纳整合非洲国家、亚洲国家还有阿拉伯国家等各方面的信息。只要 SPIN 项目顺利实施，它还会定期更新以下信息：

（一）STI 政策的内容；

（二）STI 法律体制；

（三）STI 体系，比如其组织结构和重点项目；

（四）处理经济、社会、教育、科技等领域的数据分析软件；

（五）科技和经济领域的合作组织机构名单。

第四节　科学普及

　　UNESCO 把科学普及称为科技扫盲或科技教育，这方面的工作主要由教育部门的科学技术教育处负责。教科文组织在 1990 年通过了《全民教育宣言》，该宣言指出，科技扫盲能促进每个国家自力更生的发展。要想实现持续性发展，要想改善人类生活水平，要想环境危机得到改善，科技扫盲便是重要的途径之一。1985 年，在 UNESCO 的倡导和帮助下，并且与一些政府和非政府组织的合作下，建立了国际科技教育信息网络，为有关机构收集、交流、传播和共享信息提供了机会，也为全面普及科学事业提供了技术和资金支持。① UNESCO 为了普及科学知识，召开了一系列论坛研讨会，设置科技奖项，设置"国际年"，出版科学杂志等。

---

① 常师潭：《联合国教科文组织的科普工作》，《全球科技经济瞭望》1996 年第 4 期，第 26 页。

一、召开科技论坛和研讨会

1993 年 7 月，教科文组织召开了全民科学技术扫盲国际论坛，来自 80 个国家的 400 多人参加了此次论坛。这次会议的目的是建立一个行动时间表，动员一切可能的个人、机构、组织与政府一起行动起来，在各个层面上开展科技教育活动。会议的一个重要结果是一致通过了《全民科技扫盲计划"2000 年及其以后"》宣言。该宣言呼吁：（1）科技扫盲是实现平等获取知识的机会，要特别注意妇女、儿童和那些常被忽略的群体；（2）为社会上特别需要科学知识的群体开展各种科技活动；（3）开展官方和非官方的有关科技扫盲的研究、发展和评估活动；（4）认识教育在科学普及中的重要作用；（5）除了教育，可以通过其他手段实现科普，比如博物馆、科学中心、科技出版物等渠道；（6）设立公共、私人团体和机构的有关科学普及的工作组。

除了国际论坛，UNESCO 也经常召开一些地区性的有关科技扫盲和科学普及的研讨会。比如，1994 年 11 月，在日本东京召开的《全民科技扫盲亚太地区研讨会》，建议各国的教科文组织全民教育项目特别协调工作组把科普工作作为其主要工作之一。主要开展了以下的活动：（1）大力宣传科技扫盲的重要性，制定政策、提供资源和各种支持；（2）对科技扫盲项目进行监督和评价；（3）开展对科技扫盲的研究工作，不断改进课程和对教师的培训。政府和非政府组织之间的一些活动项目包括：（1）合作发展项目；（2）通过双边或多边渠道进行国家间的经验、专业交流；（3）从事科普工作的人员培训；（4）科普信息交换和传播；（5）改进科技扫盲课程；（6）全民科技扫盲评价；（7）建立科技扫盲中心、国家协调委员会、国家特别工作组。①

二、科技奖项的设置

UNESCO 设置了一些科技领域的奖项，用于奖励对发展这个组织成员国或地区做出的杰出贡献以及来鼓励和支持科技工作者们。到目前为止，UNESCO 在科学方面一共设立了 6 个奖项，它们分别是：

（一）联合国教科文组织科学奖。该奖项于 1968 年由联全国教科文组织全体大会设立，用于奖励对发展该组织成员国或地区做出的杰出贡献，特别是在科学技术研究和教育领域，或是在工程式和工业领域的发展作出的贡献。任何作为这个组织成员的私人或政府团体以及个人或小组都可以获奖。每两年颁发一次，获奖者可得到 3000 美元奖金和一枚荣誉奖章。同年，联合国教科文组织全体大会还设立了一项建筑学奖，用于奖励在改善居住小区或小镇规划的标准方面做出的努力。世界各国建筑院校的师生都可参加。奖金评选由国际建筑师联合会主持。奖金金额为 3000 美元。②

（二）卡林加奖。该奖项设立于 1951 年，每两年颁发一次。主要奖励在普及科学技术方面有突出贡献的人，范围包括科学家、新闻工作者、教育家和作家。获奖者必须在其职业生涯中，致力于向大众介绍科学、研究和技术，同时致力于在国际上宣传科学技术的重要性。奖项由专门的国际评审机构负责推荐提名，再由联合国教科文组织总干事批准。奖项奖金来源于印度卡林加信托基金会的创

---

① 常师潭：《联合国教科文组织的科普工作》，《全球科技经济瞭望》1996 年第 4 期，第 26 页。

② http：//baike. baidu. com/link？url = K1uz2sMVUnNewM11gpvZlcMHdGIIJuATcmq0 0MsD33Ig0yWjNIIgWZVGLa6RS_ VBUz_ N0mZQH_ M7xRRQiPbeYa.

始人和主席 Bijoyanand Patnaik 女士的捐款。根据奖金的条款规定，获奖者将会得到 2000 英镑与一枚联合国教科文组织爱因斯坦银质奖章。①

（三）卡洛斯 J. 芬利微生物学奖。UNESCO 承认微生物学对于人类健康的发展的重要性，并且为了纪念历史上伟大的生物学家卡洛斯 J. 芬利，于是和古巴政府联合设立了卡洛斯 J. 芬利微生物学奖。该奖项每两年颁发一次，奖金为 5000 美元，主要奖励在微生物领域做出杰出贡献的个人、机构、非政府组织，或者其他形式的主体。UNESCO 和古巴政府希望通过这样的做法来鼓励微生物领域的研究和发展。②

（四）贾乌德·侯赛因青年科学家奖。该奖项又称国际杰出青年科学家奖，创建于 1984 年，由印度科学家贾乌德·侯赛因（Javed Husain）捐赠设立，每两年颁发一次，包括奖金、奖章与证书。通常在单年进行，奖金为 8500 美元，主要授予一位在基础科学、应用科学与社会科学研究领域（含新学科）做出杰出贡献的 36 岁以下的科学家。该奖项被认为是国际上表彰青年科学家的最高奖项，有"小诺贝尔奖"之称。获奖的论著或专利应该对科学研究的进步具有较大的影响，而且参选项目的主题不能是武器或其他军事设计方面的研究。另外，为了保证评选的公正性，本奖不可授予评奖委员会成员。联合国教科文组织贾乌德·侯赛因青年科学家奖金的提名依靠成员国政府、政府间组织或与联合国教科文组织有正式关系的国际非政府组织进行。③

---

① http：//poland. cistc. gov. cn/introduction/info_ 4. asp? column = 398&id = 66527.

② http：//www. unesco. org/new/en/natural – sciences/science – technology/basic – sciences/life – sciences/carlos – j – finlay – unesco – prize – for – microbiology/.

③ http：//baike. baidu. com/link? url = – y0vT3VaiB0ia4_ tG7ok_ – piIA1Y8fAY7IE3 GWHP09HkFDoyJ – xnScDjmC – rYwi8.

（五）卡布斯苏丹环境保护奖。该奖项每两年评选一次，奖金为2 万美元。UNESCO 设立该奖项的目的是想对一些个人、团体或者机构组织在环境保护方面的贡献表示认可和鼓励。特别是响应UNESCO 环境方面的政策和目标的，或者致力于与 UNESCO 环境项目有关的科研活动。比如：环境和自然资源研究，环境教育和培训，通过举办活动和相关信息普及等方式唤起民众环保意识。① 在这些方面有突出贡献的，都可成为该奖项的候选人。环境问题日趋严重，UNESCO 不仅希望通过该奖项的设立鼓励和奖励在环境保护领域做出突出贡献的团体，更希望以此种方式唤起大众对环境保护的意识。结合科技的手段，更加高效地实现环境的良性发展。

（六）欧莱雅－联合国教科文组织"世界杰出女科学家成就奖"。该奖项为联合国教科文组织和法国欧莱雅集团 1998 年共同创立的"为投身于科学的女性"计划的重要内容，是当今世界唯一一项在全球范围内奖励和资助从事生命科学和基础科学领域所有女性的奖项。该奖项旨在公开表彰女科学家的杰出成就，对她们所做出的卓越贡献给予充分的认可，并为其科研事业提供支持，每年授予各大洲（非洲及阿拉伯国家、亚洲及太平洋地区、欧洲、拉丁美洲、北美洲）共 5 位为科学进步做出卓越贡献的女性。面对一些全球性挑战，比如新技术加速、人口老龄化、生物多样性等热点议题，欧莱雅－联合国教科文组织始终相信，女性研究人员将对社会发展产生重大的推动作用，并为人类的未来奠定基础。如今，该计划已经成为国际范围内表彰女性科学家的典范，每年都会向世人展示女性工作者在不同科学研究领域所做出的杰出贡献。自 1998 年以来，"为投身于科学的女性"计划共表彰了全球超过 110 个国家的 2250

---

① http：//www. unesco. org/new/en/natural － sciences/environment/ecological － sciences/man － and － biosphere － programme/awards － and － prizes/sultan － qaboos/.

名女科学家，包括82位"世界杰出女科学家成就奖"得主和1920位奖学金获得者。[1]

三、设置"国际年"

如今的时代是一个科技主导的时代，科技日新月异，我们的世界每天都在发生着迅速而且巨大的改变。让公众能够有渠道了解并且适应这些变化变得尤为重要。为了唤起世界各国政府、政府间国际组织、非政府间国际组织以及其他国际力量对全球范围某个问题的关注，提请世界各国人民为解决该问题加强国际的交流与合作，UNESCO为此发起了"国际年"活动，以此来向公众普及科技知识和关乎人类发展的重大问题，比如地球的水资源还能供人类生存多少年，土地的管理等全球范围的问题。国际年主题的确立属于世界范围内的政治、经济、社会、文化、人道或人权领域的优先问题，特别是与发展中国家最为相关的问题；国际年通常是由联合国成员国或某个国际组织向联合国提议，由联合国大会依据设立国际年的标准、程序直接通过决议宣布，或由联合国的下属机构宣布，联合国大会通过决议给予确认。联合国指定联合国专门机构或某一机构的负责人担任国际年的主导机构或协调人，负责组织和协调国际年活动的开展。

国际年的时间通常为一年，一年只设一个主题。其中有很多涉及科技的国际年，比如：联合国第68届会议，认识到光和光基技术对世界民众的生活以及全球社会多层面未来发展的重要性；强调提高全球对光科学技术的认识和加强这方面的教育，对于发达国家和发展中国家应对可持续发展、能源、社区保健和提高生活质量的挑

---

[1] http：//baike. baidu. com/link？url = nSoBEngMWlKfpDXQuTz9Jtjvaet5sbq9par83jom jg8cOllLDl8NyfhPYWy2yu – C2RumNCQfSN8voavjcCN8ZK.

战至关重要。考虑到光科学技术的应用对现有和未来医药、能源、信息和通信、光纤学、天文学、建筑、考古、娱乐和文化的进步至关重要，又考虑到 2015 年恰值光科学历史上一系列重要的里程碑周年纪念，决定 2015 年为光和光基技术国际年。① 2010 年 12 月，联合国大会宣布 2013 年为国际水合年，意在在增加水资源合作的可能性上，以及面对水资源的取得、分配和服务需求逐渐增加所随之而来水资源管理的挑战上，都能有更高的认识。同时，2013 年 3 月 22 日的世界水资源日，也将致力于水资源的互助合作。联合国秘书长潘基文说，当今世界不断增长的人口、气候变化等问题正在对水资源构成威胁，世界上 1/3 的人口生活在水资源短缺的国家和地区。潘基文说："水是人类和地球福祉的中心，是健康、安全、经济发展的必需品，是通往可持续发展的关键。我们必须共同合作，保护并精心管理这一脆弱的资源。"教科文组织将主办与国际水合作年相关的各种活动，特别是科学、文化及教育领域的活动。② 2008 年 12 月 31日第 63 届联大通过决议，将 2011 年定为"国际化学年"，以纪念化学学科所取得的成就以及对人类文明的贡献。联合国教科文组织及国际纯粹与应用化学联合会负责主导这一年的纪念活动。联合国教科文组织指出，化学对于人类认识世界和宇宙来说必不可少。2011年"国际化学年"纪念活动将彰显化学对于知识进步、环境保护和经济发展的重要贡献。国际纯粹与应用化学联合会表示，"国际化学年"将在全球范围内对化学科学起到促进作用。国际化联希望活动能够增加公众对于化学的欣赏和了解，提高年轻人对于科学的兴趣，培养对于化学未来发展的热情。③ 除此之外还有很多科技方面的国际

---

① http：//www. cncos. org/infoDetail. aspx？ id = 816.

② http：//baike. baidu. com/view/8407345. htm.

③ http：//baike. baidu. com/view/3697577. htm.

年，都旨在向大众普及科学知识和发展科学技术。

在科学、经济、社会发展及人道主义、人权等方面，尤其是关注发展中国家的发展，国际年成为联合国成员国开展合作的重要窗口和途径。具体而言，每个国际年活动主题的提出，无疑都会引起国际社会、世界各国、各国人民对相关问题的关注，使国际社会的注意力集中在这一主题上。国际年活动的开展，提高了人们对相关问题重要性的认识，推动了联合国各系统、各成员国和所有其他方面利用国际年促进相关事业的可持续发展；国际年活动的开展，通过动员国际舆论，为执行联合国及其他国际机构的决议注入活力，并以此加强有关领域的国际合作。国际年的活动成为在全世界推动相关方案实施的特殊时机，激励各国政府、国际和区域组织及非政府组织加强合作，以期实现国际社会所订立的维护世界和平、促进世界发展的目标。从个体的角度看，通过参与联合国创办的国际年活动，可以有机会接触有关问题，提高对相关问题的认识和理解，增强我们的责任感、时代感和全球意识，自觉地投入到为国家及人类社会长远发展的伟大事业中。[①]

四、出版杂志和发展新闻媒体

除了以上的各种措施和活动，为了向普通民众普及科学知识，UNESCO还出版了各种科技刊物，使用新闻媒体向大众普及科学。从2000年开始，UNESCO阿皮亚办事处和澳大利亚国立大学公众科学意识中心联合举办了一系列针对太平洋地区新闻工作者的讲习班。从2004年开始，UNESCO的通信部门就已经开始和很多机构合作组织培训研讨会，提升新闻人员的专业能力，比如2008年在中亚的研

---

① http：//baike. baidu. com/link？ url = qtPXTQg6BdmzKJOX7czbNCgD90PNFAJBtkGQ V - cAXFIKgN_ bMgs3gsHeq1KraObbLe2xd18WS5i_ 9VLX7XFSW_ #2_ 3.

讨会。UNESCO 还创建了全球电视制片人网络，将 UNESCO 在科技领域的工作和科学基础知识传播给更多的民众。2002 年 10 月，为了让大众能够有渠道了解 UNESCO 的工作项目并且引起大众对国际年主题的关注，UNESCO 开始发行杂志《科学世界》。该杂志谈及了UNESCO 众多科学项目的各个领域，比如生物多样性、土地管理、地学、水资源、海洋资源、健康研究、自然灾害研究、天文学、物理学和化学等各方面。该杂志属于开放存取期刊，可免费提供给用户使用。最开始有英语和法语的版本，在 2006 年时新增了俄语和西班牙语版本。在 2008 年至 2010 年期间，该杂志还有阿拉伯语版本。在 2013 年 10 月，该杂志因为资金原因而停刊。但所有从 2002 年起发行的期刊都可以下载和复印。为了查阅方便，所有的文章和采访都按主题和区域归类。2012 年，第 12 届《科学技术的大众传播》邀请了五大洲的 670 名与会人员，他们针对当今科学传播的趋势这一问题做了 450 多场不同主题的演讲，比如：怎样用一种普通大众能接受的娱乐的方式向他们解释化学；怎样应对伪科学和科学的现象。2012 年 4 月，正值此次大会期间，UNESCO 威尼斯办事处在佛罗伦萨举办研讨会，邀请了 8 名来自东南欧非常优秀的新闻人员。他们分别分析了各自国家媒体新闻在科学普及方面的问题。[①] 利用报纸杂志和新闻媒体，UNESCO 大力促进了科学的普及。

---

① http：//www. unesco. org/new/en/natural – sciences/science – technology/sti – poli-cy/science – popularization/.

第三章

文化领域的运行

第一节 联合国教科文组织体制下的文化领域

一、联合国教科文组织在文化领域的概况

二战结束之后，饱受战争苦难的盟国意识到在联合国体制下建立一个教育及文化组织的必要性，这样的组织应该以促进真正的和平文化为宗旨，推动人类智力和道义上的团结，从而使世界保持持久的和平。联合国教科文组织由此而生。在成立之初即明确其宗旨为促进教育、科学及文化方面的国际合作，以利于各国人民之间的相互了解，维护世界和平。而对于促进世界文化发展方面的工作，一直是联合国教科文组织重要的职能，在其五大职能中也明确了促进世界各国文化间的传播与交流。

联合国教科文组织在文化领域的活动涉及文化政策、文化多样性、艺术、版权、物质和非物质遗产、文化间对话、历史、文化与

青年、文化与妇女及性别平等诸多方面。

联合国教科文组织每 10 年召开一次关于文化政策的高层国际会议。如今，教科文组织正着眼于在国际法中引入文化多样性原则。

二、文化与可持续发展

文化就是我们是谁，它塑造我们的身份。没有文化就没有可持续发展。2015 年 9 月联合国大会通过了"2030 可持续发展议程"，其中包含了 17 个致力于改变世界的全球性可持续发展目标。

联合国教科文组织确认，文化的角色在包括优质教育、可持续城镇、环境、经济增长、负责任消费和生产、公正和谐和包容社会、性别平等以及粮食安全等大多数可持续发展目标中均有所体现。从文化遗产到文化与创意产业，文化在经济、社会与环境可持续发展方面既是促成者也是驱动力。联合国教科文组织推动文化多样性的工作及相关的文化公约，是实现"2030 可持续发展议程"的关键。

将文化视为发展政策的核心是一项对世界未来的关键投资，它也是遵循文化多样性原则、实现全球化良性发展的先决条件。教科文组织的使命便在于提请所有会员国重视这一重大问题。

一些自 20 世纪 70 年代以来实施的项目的失败表明，发展不单单是经济增长的代名词。它是获得使人更加满意的智力、情感、道德及精神的手段。因此，发展与文化密不可分。加强文化对可持续发展的贡献是"世界文化发展十年"（1988－1998）提出的一个目标。自该十年计划以来，开展了一系列有关准则文件和示范材料，如文化统计数据、详细目录、文化资源的区域与国家绘图等的活动，进展卓著。

这一方面最大的挑战是说服政策制定者及地方、国家与国际各级的积极分子将文化多样性原则与文化多元价值观纳入所有公共政策、制度与实践中，尤其是通过公共与私人的合作伙伴关系实现这一目标。

该战略旨在将文化纳入教育、科学、传播、健康、环境和文化旅游等所有发展政策，通过创意产业支持文化部门发展。文化通过这一方式可以为减少贫穷做出贡献，为社会和谐带来重要益处。

近年来，文化被多次建议纳入后 2015 发展议程。例如 2015 年 12 月，由联合国教科文组织发起，在中国杭州举办的"文化与城市可持续发展倡议"，旨在通过文化遗产以及文化创意产业来提升对文化的战略意义的认同，以促进城市在"2030 年可持续发展议程"框架下实现可持续发展。会议主要讨论文化在实施"2030 年可持续发展议程"中的作用，此次会议围绕"城市文化遗产保护"和"城市文化创意产业"两大主题展示和讨论在科文组织遍布世界各地的研究小组关于这两个主题的研究成果，并形成"文化与可持续发展全球报告"。

考虑到"2030 年可持续发展议程"相关讨论的主要文化切入点是可持续化城市的"可持续发展目标"，UNESCO 已在 UNESCO "文化公约"的框架下着手准备《全球文化与可持续化城市发展报告》。该全球报告将收集世界各地合作机构的数据与分析成果，汇总文化遗产与创意产业领域重点工程的策略亮点，首次针对文化在城市可持续发展中的作用作集中战略分析并提出建议。"可持续化城市的文化助力"国际会议成为解决文化与城市可持续发展中重点问题的里程碑。

三、文化与创造性

包含出版、音乐、电影、工艺品与设计在内的文化产业在未来将持续稳定增长，并将在文化领域发挥决定性作用。它们的国际范畴使它们在未来表达自由、文化多元及经济发展领域发挥决定性作用。尽管交流与新技术的全球化开辟了令人欣喜的全新前景，它同时也催生了新形式的不平等。这些产业的世界地图揭示了北方与南方之间的巨大差距。减小这一差距，只有通过新型伙伴关系、专业技术、控制盗版及各方面国际团结，加强地方能力及与全球市场的联系来实现。

2013 年 10 月 20 日至 22 日在北京举行的"联合国教科文组织创意城市峰会"强调了创意对城市的可持续性及其可持续发展至关重要。随着城市化前进的步伐，2050 年全球将有 92 亿人口生活在城市。因此，人类必须更好地了解如何孕育新形式的创新来公正地、公平地、包容地应对城市所面临的各种挑战。北京峰会直面这一课题，同时也为联合国教科文组织创意城市网络各成员城市之间建立合作提供了新途径，树立了新的里程碑。

北京峰会通过的议程中把创意定义为"一种立足于创新，特殊的可再生资源和人类才能"。在此基础上，通过各地区的创意城市之间的相互学习和共享的方式致力于深化合作，以便加速社会、经济和文化的发展。在经济和科技全球化的时代，重申了通过联合国教科文组织创意城市网络的工作来保护和维护文化多样性的重要性。这些承诺凸显了教科文组织网络在地区、国家和地方各级作为中长期规划平台的重要性。那些自下而上以文化和文化功能开发为导向的合作伙伴关系只有扎根于城市才是最有效的和可持续的。

虽然联合国教科文组织早已认识到文化与发展之间的关系，但是却直到近期才将其纳入国际发展的各项议程中。"里约 + 20 大会"的成果文件中指出，"所有的文化和文明都能促进可持续发展"。于此之上，2013 年 5 月，在中国杭州，以"文化：可持续发展的关键"为题的"杭州国际文化大会"的《最终宣言》中强调了文化是可持续城市发展和管理的关键资源，并重申"充满活力的文化生活和城市历史环境的质量是实现可持续发展城市的关键"。同时，联合国教科文组织出版的《创意经济报告》也探讨了创意和文化对于实现包容性的、公平的和可持续的增长所具有的本质性作用。

越来越多的国家和地区认识到文化是社会包容性和可持续发展的始能力和驱动力。在世界各地，各国都将文化和创意作为在资源有限的新时代中的一种强大的可再生资源，并专注于把城市作为推进的战略平台。这就是联合国教科文组织创意城市网络的重要意义所在。创建于 2004 年的创意城市网络聚焦于七个方面：设计、文学、美食、工艺与民间艺术、媒体艺术、音乐和电影，并且以发展文化资产和提高文化产业在城市中的影响力为目标。通过以创新作为可持续发展的战略要素，同时在公共部门和私营部门之间的合作伙伴关系的框架下，与世界所有地区的专业组织、社区、民间社会和文化机构共同开展工作，创意城市网络积极推动城市之间的合作。

北京峰会展示了中国在开拓新的国际合作中的领导地位，也显现了中国政府在动员新的创意和创新资源及建设和谐、可持续发展平台方面的承诺。中国在以文化作为发展战略方面走在了最前线。用习近平主席的话来说，这是实现"中国梦"的驱动力之一。

在全球变化的年代，所有的国家都必须认识到文化具有为应对我们共同面临的挑战而提供可持续解决方案的巨大力量。这在当前各国正在确立 2015 年后新的可持续发展议程的背景下显得尤其重要。作为可持续发展的推动力，作为包容性发展的平台，作为与世界其他地区之间的桥梁，城市将起到关键的作用，而文化创意起到前瞻性的作用，这将对文化的创造性带来愈发广阔的发展空间。

第二节　联合国教科文组织对促进文化
多样性所做的贡献

一、联合国教科文组织体制下的文化多样性

对促进文化多样性的关注可以被看作是联合国教科文组织在文化领域中开展行动的一个优先事项。为了丰富多样性，多样性应该建立在认可他人及其文化以及开展对话的基础上，以便相互了解和欣赏。因此，如果没有人，没有讨论，文化多样性就不可能继续存在。在 2001 年执行局第 31 届会议所通过的教科文组织《世界文化多样性宣言》中，各会员国重申：坚信文化多样性是发展的源泉之一，其对于人类的重要性就如同生物多样性对于大自然的重要性一样。另外，各国坚决摒弃文化和文明间的冲突不可避免的观点。

联合国教科文组织创建了全球文化多样性联盟。该联盟催生了发展中国家公共部门与私营部门行动者之间为支持当地文化产业（例如音乐和出版）而缔结的新型伙伴关系。该联盟将制定新的方法、行动和战略，以减缓文化财产方面的贸易不平衡，尤其是北方国家与南方国家之间的不平衡，同时防止盗版，确保在国际上尊重著作权。

《保护和促进文化表现形式多样性公约》（以下简称《文化多样性公约》）于 2005 年 10 月 20 日第 33 届联合国教科文组织大会通过。《文化多样性公约》的出台有其特定的国际背景。公约从酝酿到通过，国际上一直存在两种观点：赞成派是以法国和加拿大为代表

的发达国家第二集团，还有印度、墨西哥、中国等发展中国家；反对派则以美国和以色列为代表。由上述对立，我们可以形成两个极为重要的判断：判断一，法国、加拿大以及发达国家第二集团与美国在《文化多样性公约》问题上形成的对立，是具有相同价值观的西方世界内部出现的第一次文化冲突；判断二，《文化多样性公约》是发达国家第二集团与多数发展中国家为因应美国的文化强势而形成的"合纵之举"，即所谓"合众弱以御一强"。

　　为什么会这样呢？众所周知，伴随经济全球化与现代传媒技术的迅猛发展，美国在文化贸易方面一家独大，其电影、网络和视听产业横扫全球。为了保护自己的文化自主性空间（如语言）和文化产业空间（如影视业），法国、加拿大等国在关贸总协定乌拉圭回合等谈判中多次祭出"文化排除"或"文化例外"的说法。1995年，联合国教科文组织首次提出"文化多样性"的说法，把文化生态和以文化为基础的发展等观念融为一体，为发达国家第二集团在文化问题上与美国博弈提供了新的利器。在此背景下，2001年联合国教科文组织推出《世界文化多样性宣言》，2005年《文化多样性公约》通过。相比于"文化例外"的说法，"文化多样性"具有明显的优点：它使法国、加拿大代表的发达国家第二集团和大多数发展中国家找到了富于道义感的理论和政策话语，公约中对保护和促进文化多样性的定义为：

　　文化多样性："文化多样性"指各群体和社会借以表现其文化的多种不同形式。这些表现形式在他们内部及其间传承。文化多样性不仅体现在人类文化遗产通过丰富多彩的文化表现形式来表达、弘扬和传承的多种方式，也体现在借助各种方式和技术进行的艺术创造、生产、传播、销售和消费的多种方式。

　　文化内容："文化内容"指源于文化特征或表现文化特征的象征

意义、艺术特色和文化价值。

文化表现形式："文化表现形式"指个人、群体和社会创造的具有文化内容的表现形式。

文化活动、产品与服务："文化活动、产品与服务"是指从其具有的特殊属性、用途或目的考虑时，体现或传达文化表现形式的活动、产品与服务，无论他们是否具有商业价值。文化活动可能以自身为目的，也可能是为文化产品与服务的生产提供帮助。

文化产业："文化产业"指生产和销售文化产品或服务的产业。

文化政策和措施："文化政策和措施"指地方、国家、区域或国际层面上针对文化本身或为了对个人、群体或社会的文化表现形式产生直接影响的各项政策和措施，包括与创作、生产、传播、销售和享有文化活动、产品与服务相关的政策和措施。

保护：名词"保护"意指为保存、卫护和加强文化表现形式多样性而采取措施。动词"保护"意指采取这类措施。

文化间性："文化间性"指不同文化的存在与平等互动，以及通过对话和相互尊重产生共同文化表现形式的可能性。

公约中对文化多样性达成的约定为：确认文化多样性是人类的一项基本特性并认识到文化多样性是人类的共同遗产，应当为了全人类的利益对其加以珍爱和维护；意识到文化多样性创造了一个多姿多彩的世界，它使人类有了更多的选择，得以提高自己的能力和形成价值观，并因此成为各社区、各民族和各国可持续发展的一股主要推动力；考虑到文化在不同时间和空间具有多样形式，这种多样性体现为人类各民族和各社会文化特征和文化表现形式的独特性和多元性；承认作为非物质和物质财富来源的传统知识的重要性，特别是原住民知识体系的重要性，其对可持续发展的积极贡献，及其得到充分保护和促进的需要；认识到需要采取措施保护文化表现形式连同其内容的多样性，特别是当文化表现形式有可能遭到灭绝或受到严重损害时；强调文化对社会凝聚力的重要性，尤其是对提高妇女的社会地位、发挥其社会作用所具有的潜在影响力；意识到文化多样性通过思想的自由交流得到加强，通过文化间的不断交流和互动得到滋养；重申思想、表达和信息自由以及传媒多样性使各种文化表现形式得以在社会中繁荣发展；认识到文化表现形式，包括传统文化表现形式的多样性，是个人和各民族能够表达并同他人分享自己的思想和价值观的重要因素；确信传递着文化特征、价值观和意义的文化活动、产品与服务具有经济和文化双重性质，故不应视为仅具商业价值；意识到联合国教科文组织肩负的特殊使命，即确保对文化多样性的尊重以及建议签订有助于推动通过语言和图像进行自由思想交流的各种国际协定。

公约中对文化多样性发展的目标概括为：保护和促进文化表现形式的多样性以互利的方式为各种文化的繁荣发展和自由互动创造条件。鼓励不同文化间的对话，以保证世界上的文化交流更广泛和均衡，促进不同文化间的相互尊重与和平文化建设。加强文化间性，本着在各民族间架设桥梁的精神开展文化互动。促进地方、国家和国际层面对文化表现形式多样性的尊重，并提高对其价值的认识。

确认文化与发展之间的联系对所有国家，特别是对发展中国家的重要性，并支持为确保承认这种联系的真正价值而在国内和国际采取行动。承认文化活动、产品与服务具有传递文化特征、价值观和意义的特殊性。重申各国拥有在其领土上维持、采取和实施他们认为合适的保护和促进文化表现形式多样性的政策和措施的主权。本着伙伴精神，加强国际合作与团结，特别是要提高发展中国家保护和促进文化表现形式多样性的能力。在采取措施维护文化表现形式多样性时，各国应寻求以适当的方式促进向世界其他文化开放，并确保这些措施符合本公约的目标。

《文化多样性公约》是该组织继《保护世界文化和自然遗产公约》和《保护非物质文化遗产世界公约》后的第三大文化公约。根据程序，公约通过后，尚需经 30 个国家批约方能生效。1972 年的《保护世界文化和自然遗产公约》从通过到生效用了 37 个月，2003 年的《保护非物质文化遗产世界公约》用了 30 个月，而《文化多样性公约》仅用了 17 个月。这个批约速度是史无前例的。由联合国教科文组织倡导并起草这样一份人类文化多样性公约，无疑是关乎全人类福祉的一件大事，也是人类文化史上一次特别重要的整体性观念转变。在某种意义上，它可以被理解为经济全球化趋势的一种逆向结果，意味着经由全球化的浪潮，人类的有识之士显然已经决心开始从基本的伦理价值层面上，唾弃地理大发现时代以来已经持续了几个世纪的西方中心论这种文化偏见——正是经由西方文化真正巩固了它的全球性统治地位。

二、跨文化对话

世界是越来越紧密相连，但这并不意味着个人与个人和社会与社会之间真的生活在一起。据悉，成千上万的穷人、妇女、青年、移民和被剥夺公民权利的少数群体，都遭受过社会排斥。今天可接触到的信息、技术和知识要比以往多得多，但仍然需要有足够的智慧来避免冲突、消除贫困或者让每个人都享有学习的机会，让人们在一个安全的世界中和谐共处。

在这种新的、动荡的国际全球化局势下，必须明确一个核心：和平远不止停止战争，而是保持着各自的分歧（包括性别、种族、语言、宗教及文化）却仍能在一起相处、生活，同时进一步加强对公平正义和人权的普遍尊重，这些都是共同生存不可或缺的前提。

因此，和平永远不应被视为理所当然。这是一个持续的过程，一个长期的目标，需要不断建设、保持警惕和所有人的积极参与。这是一个需要根据不同情况而做出的选择，是一个通过与其他个人与群体的真诚对话而做出的日常生活的决策，无论他们住得是远是近。

如今，传播和推广有助于促进对话、非武力和文化和睦的价值观和举措变得越发重要，同时还需遵循联合国教科文组织在世界文化多样性宣言中所声明的原则：

"在当今这个日益走向多样化的社会中，必须确保属于多元的、不同的和发展的文化特性的个人和群体的和睦关系和共处。主张所有公民的融入和参与的政策是增强社会凝聚力、民间社会活力及维护和平的可靠保障。因此，这种文化多元化是与文化多样性这一客观现实相应的一套政策。文化多元化与民主制度密不可分，它有利于文化交流和能够充实公众生活的创作能力的发挥。"

今天，和平需要更多积极的投入、更有远见的领导力、更有力度的教育价值观、对社会创新更广泛的研究以及一个先进的传媒界。每个人和每个元素共同构成了联合国教科文组织得以完成其使命的前提基础。本组织对发展教育和科学事业、文化创意产业、遗产古迹和充满文化的未来（包括一个充满活力且以和平为导向的全球传媒结构）做出长期承诺，这也是联合国教科文组织为推进达成朝气蓬勃而又可持续的世界和平所做出的贡献。

三、民主与全球公民意识

在当代历史中每一个标志性的关键时刻，联合国教科文组织都支持着社会的和平发展，对建设和巩固民主以及发展民主体制做出贡献，这种贡献在过渡时期尤为突出。自成立以来，本组织旨在鼓励所有人，特别是青年男女，努力实现共同的普世价值，如宽容、多元化、尊重人权、自由和对话。

在强调教育和人权的决定性作用的同时，联合国教科文组织将重点放在诸如执政、民主机制、公民权、表达自由、青年男女代表，以及他们积极参与进决策过程、社会经济和文化的发展当中。本组织本质上是个进行民主辩论的地方，为促进包括宽容、多元化、尊重人权、自由和对话提供一个交流的平台。在这一过程中，和平与人权教育作为最基本的一环，催化促进着全球公民意识的养成。

联合国教科文组织积极致力于参与民主文化的巩固，尤其是协助阿拉伯地区的国家，同时特别强调培养青年男女在公民教育、公民参与和人权方面的能力，最终使他们能够实际参与到社区民主制度的构建过程中。与联合国教科文组织对全球公民教育的重视有着密切关联的，是一个更广泛的承诺，旨在建立民主制度，鼓励包括青年男女在内的所有人积极参与到决策与发展、保护人权与推广人权的过程中。教科文组织在和平与人权教育领域建立了对国际共同价值观的认识和理解，支持了良好政策和实践的发展，有助于营造安全的、不受歧视与暴力影响的学习环境。

联合国教科文组织与联合国其他机构和民间团体合作推广世界人权教育方案。该方案倡导将和平教育和冲突预防纳入国家教育政策及课程中；将许多挑战性问题在教育系统内部解决，比如提供高品质的，脱离刻板、欺凌和暴力的教科书。在纪念大屠杀和种族灭绝的教育领域处于全球领导地位，帮助社区应对旧日的创伤并重新建立共享的民主结构。本组织主张非歧视、人人平等的教育教学。包容性的教育是教科文组织构建公民意识和民主的核心手段，其中也包括推广多语种教育。此外，联合国教科文组织通过其校际联合计划网络，鼓励创新教育实践的交流，让学生、教师、学校和当地社区都直接参与到当今最紧要事项的讨论中。

身处当今日益多元化的社会，联合国教科文组织日复一日地为完成其基本的人道主义使命而努力，帮助人们相互理解与合作以构建持久的和平。然而此时增加的全球性挑战和威胁，如不平等、排斥、暴力和宗派主义恶化了当地的紧张局势和冲突，破坏了人类的凝聚力，个人应该通过学习及经历来掌握跨文化能力，这样才能在日益复杂的社会立足。因此，个人应该时刻准备好文化多样性以及相互冲突的价值观。

当新形式的不平等、不包容、暴力以及宗派主义因当地的紧张局势和冲突而加剧时，不同的社会之间单靠并肩共存来维系和平显然已远远不够。我们必须学会共同生活、联合行动，本着促进多元化和相互理解的价值观来做好准备以应对冲突。为帮助成员国和整个国际社会应对上述挑战，联合国教科文组织力图加强人们对"他者"以及相互依存的理解，并协同各方对未来面临的风险和挑战进行分析。

日复一日，教科文组织在政策的制定和实践中介入并协助成员国和每一个合作伙伴去更好地理解社会动态，尤其是通过教科文组织政府间社会变革管理计划与和平文化与非暴力计划项目。联合国教科文组织还积极支持有关民主与全球公民，跨文化对话，和平与人权教育与和平建设的行动。联合国教科文组织所做的所有关于促进与培养世界公民的全球公民意识其本质都是旨在促进世界文化多样性的发展，消弭世界不同文化间的隔阂，最终推动世界的持久和平与共同繁荣。

第三节 联合国教科文组织与文化和自然遗产的保护

一、保护文化元素的总体战略

在如今这个相互交融的世界，文化无疑拥有改变社会的力量。文化有诸多表现形式——从我们珍视的历史遗迹、博物馆，到传统习俗以及当代艺术形式，它以众多方式丰富了我们的日常生活。遗产是身份认同的来源之一，也为遭到突发变化和经济波动影响的社区注入了凝聚力。创造力能够协助构建开放、包容和多元的社会。遗产与创造力均为一个有活力、创新、繁荣的知识社会奠定了基础。

联合国教科文组织坚信，没有充分的文化元素就没有可持续发展。的确，只有采用以人为本的发展方式，以不同文化之间的相互尊重和公开对话为基础，才能实现持久、包容与公平的发展成果。然而，直到不久之前，发展对策里仍缺失文化这一内涵。

为确保文化在发展战略与发展过程中的合理地位，联合国教科文组织采用了一套三管齐下的措施：在世界范围内率先倡导文化与发展；协同国际社会制定明确的政策与法律框架；同时脚踏实地地支持政府与当地利益相关方保护遗产、促进创意产业的发展，以及鼓励多元文化。

由联合国教科文组织制定的著名文化公约为国际合作提供了一个独一无二的世界平台，并以人权和共同价值观为基础，创建了一套完整的文化治理体系。这些国际条约力图保护和维护世界文化与自然遗产，其中包括久远的考古遗址、非物质遗产、水下遗产、博物馆藏品、口头传统，以及其他形式的遗产，此外，条约旨在支持创造、创新，以及催生充满活力的文化产业。

二、对世界文化和自然遗产的保护

联合国教科文组织是遗产保护方面的国际倡议的牵头人。保护世界文化和自然遗产是教科文组织发起的一项深受各国欢迎的国际合作活动，也是教科文组织最具影响力的另一个旗舰项目。该项活动的主要目的是确认符合标准的世界遗产并对公约缔约国境内的具有"突出意义和普遍价值"的文物古迹和自然景观或资源加以保护。在1972年，该组织的第17届大会通过了《保护世界文化和自然遗产公约》。在不影响国内立法所规定的国家主权和知识产权的情况下，公约缔约国承认，保护世界遗产是整个国际社会的义务。迄今为止，世界上已有190个国家批准或加入了该公约。全球共有981处遗产地被列入世界遗产名录。其中包括从印度的泰姬陵到马里的通布图城等历史遗迹，还包括像澳大利亚的大堡礁这样的自然奇观。世界遗产中心是公约的常设秘书处。

文化遗产的定义，与"文化遗产"的"泛概念"不同，从保护的角度看，一般包括物质文化遗产与非物质文化遗产。联合国教科文组织从1972年到现在，一直在进行文化遗产的保护，其保护分为两个阶段：第一阶段，从1972年开始到现在，以实践《保护世界文化和自然遗产公约》、建立"世界遗产名录"为主的、偏重于物质文化的保护；第二阶段，从1989年的《保护民间创作建议案》开始到现在，建立"人类口头和非物质遗产代表作名录"为主的、对非物质文化遗产的保护。联系联合国教科文组织关于文化遗产保护的一系列文件及其背景来看，这两个阶段的保护，与全球化进程和世界经济、文化发展趋势紧密联系，具有高瞻远瞩的战略眼光和影响世界文化走向的深刻意义。

　　鉴于世界遗产的价值，《公约》规定保护的对象是"文化遗产"和"自然遗产"。"文化遗产"的保护对象是文物、古建筑群、历史遗址，这些显然是物质的。后来在实践中又添加文化与自然遗产、文化景观。"自然遗产"显然是从保护环境、保护自然角度提出的。凡是有条件评上的，都收入《世界遗产名录》。我们平时所说的"世遗"，指的是这类名录。以下对世界遗产——世界文化遗产、世界自然遗产、世界文化与自然遗产、世界文化景观的性质、价值作阐释。

　　世界文化遗产：包括文物、建筑群、遗址三方面。这些文化遗产，无论是雕塑、雕刻、建筑，都代表一种独特的艺术成就，都是人类创造性的天才杰作，从历史、艺术或科学角度看都具有突出的普遍价值，令后人感叹不已。历史遗址则有人类学、人种学的价值。如我国被列入的有秦始皇陵及兵马俑坑、龙门石窟、敦煌莫高窟等，这些属于文物；拉萨布达拉宫，安徽古民居建筑，苏州古典园林，曲阜孔府、孔庙、孔陵等，这些属于建筑群。周口店北京人遗址属于历史遗址。

　　世界自然遗产：指具有普遍价值的地质和自然地理结构以及受威胁的动物和植物生境区；具有突出的普遍价值的天然名胜或明确划分的自然区域。自然遗产的保护具有保护物种、地理地质结构价值，还有自然审美价值。例如中国的九寨沟、武陵源、黄龙风景区等。自然遗产保护区包括国家公园和其他早已指定的物种保护区。

　　世界文化与自然双重遗产：满足上述文化遗产和自然遗产两方面条件的，可列为"双遗产"。"双遗产"深刻体现了人与自然、人与文化和谐的价值观念。《公约》中本来没有"双遗产"，"双遗产"是我国泰山的自然美和我们祖先智慧相结合，对世界遗产做出的贡献。1987 年，中国泰山申报世界遗产，5 月，联合国教科文组织自然遗产协会副主席卢卡斯先生来泰山考察，发现山上名胜古迹众多，有古建筑群 20 多处，历史文化遗迹 2000 多处，还有大量历史名人赞颂泰山的石刻、碑记。他激动地说："泰山把自然与文化独特地结合在一起了，并在人与自然的概念上开阔了眼界。""世界遗产具有不同的特色，要么是自然的，要么是文化的。很少有双重价值的遗产在同一个保护区内，而泰山便是具有双重价值的遗产。"1987 年 12 月，世界遗产委员会满怀崇敬心情评价：

庄严神圣的泰山，2000 年来一直是帝王朝拜的对象，其山中的人文杰作与自然景观完美和谐地融合在一起。泰山一直是中国艺术家和学者的精神源泉，是古代中国文明和信仰的象征。

这个评价具有深刻意义：其一，因为泰山，世界遗产多了一个种类；其二，不仅是对泰山的评价，更是对中国"天人合一"哲学思想的惊叹和崇敬；其三，"天人合一"哲学思想对于当今人与自然、人与文化的思考具有深刻的启迪。正如卢卡斯先生所说的："这意味着中国贡献了一件独一无二的特殊遗产，它将使国际自然保护协会的委员们打开眼界，重新评价自然与文化教育的关系，从而开拓了一个过去从未做过，也从未想过的新领域。"

世界文化景观遗产：世界文化景观遗产是联合国教科文组织第 16 届世界遗产大会上提出来的概念，分为三种：第一种是"人类有意设计和建筑的景观"，如菲律宾的稻米梯田、英国的布莱那维工业景观；第二种是"有机进化景观"；第三种是"关联性文化景观"，这类景观列入《世界遗产名录》，以与自然因素，强烈的宗教、艺术或文化相联系为特征，而不是以文化物证为特征。显然，文化景观更强调的是文化事项、文化精神的内蕴。我国的庐山于 1996 年 12 月被列入世界文化景观遗产。世界遗产委员会这样评价：

江西庐山是中华文明的发祥地之一。这里的佛教和道教庙观，代表理学观念的白鹿洞书院，以其独特的方式融汇在具有突出价值的自然美之中，形成了具有极高美学价值的，与中华民族精神和文化生活紧密联系的文化景观。

《公约》自1975年正式生效实施至今，在全球范围内产生巨大的影响。它至少有以下几个重大意义：

第一，《公约》的前瞻性使各个国家和地区的文化和自然遗产得到保护。目前有180个国家和地区加入此公约，130多个国家830处遗产被列入《世界遗产名录》。

第二，《公约》唤醒人们保护自然与遗产的意识。从此，"世界遗产"、"文化遗产"、"自然遗产"、"文化景观"概念在全球流传，引起人们对自然的爱护和对文化遗产保护的重视。

第三，从世界遗产委员会对中国、其他国家遗产的评价来看，保护的对象虽然是物质文化，但强调的是精神文化——历史、宗教、思想、艺术、技术等。这些"遗产"蕴藏着人类的精神和智慧，以她们的历史高度、文化厚度、自然生命告诉人们：经济的发展不能破坏自然和遗产，世界是人与自然、人与文化和谐相处的世界。

保护非物质文化遗产是教科文组织在近些年来逐渐完善的一个优先计划。教科文组织制定了第一部旨在保护这一遗产的国际法律文书：《保护非物质文化遗产公约》。联合国教科文组织非物质文化国际评审委员会在2001年选中了首批19项《人类口述和非物质遗产代表作名录》，其中包括中国的昆曲。该委员会定期将其他杰作列入该名录，目的是提供法律保护和财政帮助。

"非物质文化遗产"的完整概念，是在2003年的《保护非物质文化遗产公约》中正式提出来的。不过，在此之前，联合国教科文组织也作了各种探讨。根据《保护非物质文化遗产公约》，"非物质文化遗产"的定义如下：

"非物质文化遗产"指被各社区、群体，有时为个人，视其为文化遗产组成部分的各种社会实践、观念表述、表现形式、知识、技能及相关工具、实物、手工艺品和文化场所。它包括以下五个方面：口头传统和表现形式，包括作为非物质文化遗产媒介的语言；表演艺术；社会实践、仪式、节庆活动；有关自然界和宇宙的知识和实践；传统手工艺。这里，我们要注意"文化场所"的概念。联合国教科文组织 1998 年的《宣布人类口头和非物质遗产代表作条例》中对"文化场所"的定义如下："文化场所"的人类学概念被确定为一个集中了民间和传统文化活动的地点，但也被确定为一般以某一周期（周期、季节、日程表等）或是一件事为特点的一段时间。这段时间和这一地点的存在取决于按传统方式进行的文化活动本身的存在。

非物质文化遗产具有活态性、传承性、独特性、整体性、历时性、共时性特征。

活态性。非物质文化遗产与静态的文物、自然景观不同，也与纯研究历史、传统哲学、艺术等的精神活动不同，它是以人为中心的一种传统文化活动，并且融入生活。比如口述历史，是人的口述，是一种活动。比如剪纸，它最终结果体现在物质上，但非物质文化遗产保护对象是这种剪纸的技艺。如果没有人的活动，演奏方法失传了，音乐再也无法表现出来。剪纸技艺失传了，过去艺人留下来的剪纸作品，也成了文物。保护非物质文化遗产，是要保护活的"表现形式"。

传承性。非物质文化遗产是祖先遗留下来的东西，但留下来的不是通常所谓物质的"家产"，而是口传心授的活文化，包括内容和方法，它由人代代相传下来，传承人的血肉之躯就是文化的载体。

传承方式有家族、师徒、族群、团体、社会传承等。如果传承一旦停止，非物质文化遗产也就成为历史的见证，有时也就完全消失了。所以，没有传承人，也就没有非物质文化遗产。非物质文化保护的重点是传承人。

独特性。非物质文化遗产来自特定的民族、族群或个人，或来自特定的区域，甚至是村落，因此具有鲜明的民族性、地域性；它是该族群、地区人们的生产生活方式、礼仪习俗、情感意识、价值观念的具体表现；它深深扎根于当地的文化土壤，具有唯一性和不可再生性的特点。闽文化是中原文化和闽越文化的交融，受海洋文化影响的闽南人、闽南文化具有与北方人不同的特征，具有守成与开放的双重性格。即使在闽南，还有惠安女和蟳埔女不同的风俗习惯。而这种独特性离不开当地的环境。离开了当地的环境，也就失去了独特性和原生态。所以，对非物质文化遗产必须进行原生态保护，将之原状地在原地原住民及其环境中保护起来。保护非物质文化遗产，就是要保护其不可替代的独特性。

整体性。具体的非物质文化遗产，是人与物活动的结合，她本身是一个小宇宙，是一个独特的复杂的情感世界。如戏曲表演，离不开剧本、道具、服装、脸谱、乐器、曲牌等；同时，演出内容又是人们的思想、道德、伦理、人生理想、价值观念的表现。其次，在表现、表演时，往往是集体的、多项的、联系的。如泉州元宵节的踩街，聚合了拍胸舞、踢球舞、舞龙、舞狮、踩高跷、车鼓弄、蜈蚣阁、罗汉阁、南音等各种民间舞蹈、音乐、游阁，还有彩灯的工艺制作等。又如东山的关帝文化节，人们不仅要举行迎神、送神仪式，还要举行各种娱乐活动，如踩高跷、走旱船、水族舞、大鼓凉伞、八音、四平锣鼓、南音，演芗剧、汉剧、潮剧等。许多民俗活动，往往由某种信仰或某个事件，而引发串联出许多文艺活动，形成一条长长的文化生态链。保护非物质文化遗产，要进行整体性的活态保护。

历时性。非物质文化具有一定长度的历史，是一条流动的历史文化长河，具有变与不变辩证统一的特点。她是活态的、传承的，所以会随时代的前进和环境的改变而变化；她是民族的、地域的，有时是族群、家庭的传承，所以又有相对不变的稳定性。如《格萨尔》史诗，是迄今为止世界上最长的一部英雄史诗，史诗全面反映了藏族从原始社会向封建社会转变的历史过程，是藏族历史文化的百科全书，至今仍被演唱。在语言相对不变或封闭的自然地理环境中，非物质文化遗产也相对不变。保护非物质文化遗产，要尽量保护其源头性、原真性。

共时性。非物质文化遗产是历史的、传统的，虽然时代变了，但她还不同程度地活在不同人群的心中，成为人们生活的一部分，与时代共存。比如春节，是古老的农耕文化的产物，但她仍然牵动十几亿中国人的心，共同欢度。世界上各个国家、各个民族的民俗节庆活动，都是历时性与共时性重叠的活动。即使是文物、历史建筑、历史遗址，人们也可以与之"沟通"、"对话"，它们也可以供人们收藏、欣赏，成为生活的一部分。人们没有理由、也无法抛弃文化遗产。文化的生态保护，是要保护文化种类的多样性，形成传统文化与现代文化兼容的文化群落，并与自然环境、社会环境和谐相处。

根据《保护非物质文化遗产公约》规定，保护的对象是："顺应可持续发展的非物质文化遗产。"一般说来，非物质文化遗产有以下几种价值：

历史价值。历史一般是官方历史、知识分子历史，这些历史往往染上主观色彩，有一定的主观性和片面性。同时，缺少民间历史，失去历史的半壁江山。"礼失求诸野",非物质文化遗产口述历史、神话传说等,可以对正史起拾遗补阙以及更正历史的作用,帮助人们更全面地了解认识历史。例如,吉尔吉斯史诗是一部有着社会、文化和历史价值的口传百科全书,其中最著名的是有 1000 多年历史的《马纳斯》三部曲史诗。这部史诗的长度是荷马史诗《伊利亚特》和《奥德赛》的 16 倍;其二是内容丰富,将吉尔吉斯斯坦 9 世纪以来最难忘、最有影响的事件记载下来。

精神价值。中华文明五千年绵绵瓜瓞、从不间断,是由中华民族精神在支撑着。历史上即使战火纷飞、政权交替,但中国文化始终没有断裂,只有"亡国",没有"亡天下",这是世界文明史的奇迹。如果历史被割断,如果民族精神只成为典籍的记载,不与生活结合,那是"死魂灵"。非物质文化遗产的特点是与生活紧密结合,是民族精神的载体。生活是民族精神流淌的河流,民族精神是生活的导航。一个民族失去了精神,就失去了凝聚力,涓涓细水就无法汇成大海。

审美价值。非物质文化遗产中有剪纸、雕刻等工艺品,有民间绘画等美术品,有戏曲、舞蹈等各种表演艺术,有音乐、器乐等,有说唱艺术等。这些艺术个性鲜明,是历代艺人心血的结晶,是传统艺术的宝藏,具有很高的艺术价值和审美价值。而且,每种艺术都是特定民族、地域不同风情的独特表现,构成人类艺术的百花园。

科技价值。非物质文化遗产是历代人们传统知识和实践的积累,具有科学或潜科学的价值。这些技术往往不见典籍记载,但存活于民间。各个民族、族群处于不同的地理环境,有着不同的生产生活方式,产生了不同的解决人与自然、或人生活中所遇到困难的不同方法、技术,体现人类无穷无尽、丰富多彩的智慧,至今仍为人们所利用,方便人们的生活。非物质文化遗产的科技智慧,是历代人生活经验的无数次的积累，有的尚未被充分利用，有的奥秘尚未被解开。

另外，非物质文化遗产还有其经济价值、教育价值等。

非物质文化遗产与物质文化遗产共同承载着人类社会的文明，是世界文化多样性的体现。加强非物质文化遗产保护，不仅是国家和民族发展的需要，也是国际社会文明对话和人类社会可持续发展的必然要求。因此，我们必须从思想上充分认识其保护的意义是什么，进而制定如何保护的对策，才能够使那些过去的、现在的、将来的一切非物质文化遗产更好地为国家的政治、经济、精神文明建设服务。因为非物质文化遗产是一个民族的根和魂，是一个民族的DNA。我们所有古老的传统包括我们的民俗，在面对现代化的时候，都是弱势文化，不保护提倡就会消亡。因此保护"非遗"具有重要的意义，并且迫在眉睫。但是，我们在进行文化遗产保护工作的时候要对精神家园负责、对历史负责、对人民负责。

保护文化遗产具有很多现实的意义。

第一，能够在一定程度上强化文化在人类社会发展中的地位和作用，以应对各种现代性危机以及严重的社会问题。第二，保护非物质文化遗产有利于增强民族的文化认同，有利于维护国家统一和民族团结，有利于促进社会和谐和可持续发展。第三，保护非物质文化遗产能够在一定程度上促进世界的合作与交流，维护世界和平，推动构建和谐世界。第四，有利于促进文化的多样性，维护文化生态平衡，使得保存下来的文化遗产之间求同存异，相互补充，取长补短，共同促进世界文化的和谐发展。第五，《伊斯坦布尔宣言》中指出，保护非物质文化遗产的多样性能够增强人类文化的创新和发展先进文化，同时也是创造性和文化创作的主要源泉之一。第六，保护非物质文化遗产有利于提高全民族的文化保护意识，有利于实现全民族的"文化自觉",从而更有力地反作用于文化遗产的保护,促使其早日完成这一系统而艰巨的任务。

非物质文化遗产具有不可再生性等特点,并且具有重大的意义。因此,保护非物质文化遗产是人类生产和发展的需要。它凝聚着世界各民族深层次的文化基因,是人类生命的记忆,是人类创造力的精神源泉,是人类智慧的结晶,是人类永恒的精神家园。

三、对水下文化遗产的保护

水下文化遗产包含位于或者曾位于水下的具有文化或历史价值的所有人类生存的遗迹。这包括了 300 万沉船残骸,比如泰坦尼克号、黑石号以及忽必烈舰队的 4000 艘沉船的残骸。此外也有淹没的遗迹与城市,比如位于埃及的被称为世界七大奇迹之一的亚历山大灯塔遗迹,以及其他数以千计的史前遗迹。

在地球历史的长河中,很多城市曾被海浪吞噬,无数船只曾湮没于海洋。即便这些船只、建筑和其他文物无法常常从海平面看到,他们仍在海底环境的保护下存留于湖泊海洋的底部。这些遗产见证了我们共同历史的各个时期和方面,如奴隶贸易的残忍、战争的残忍、自然灾害的影响、宗教活动和信仰的遗迹及分散于世界各个地区间的和平交流及跨文化对话。

水下文化遗产面临着无数的威胁与负面影响,危及其保存。联合国教科文组织成员国深切关心着水下文化遗产的破坏程度,特别是科技的发展使得海底世界更容易接近,为此成员国于 2001 年通过了《水下文化遗产保护公约》。水下文化遗产的保护是该公约的核心内容,除此之外公约还包括水下文化遗产公益利用,以及不论发现地而同商业开发进行的斗争。

自水肺的发明以来,水下文化遗产变得日益可及。水肺不但使科学家和考古学家，也使寻宝者与盗掘者都可以进行更深的潜水。自此之后，盗掘水下考古遗址并破坏其内容迅速频发，并威胁到了这些遗产所承载的人文精神。盗掘和考古遗产的流失不再局限于吸引盗掘者的陆路遗址上，而也发生在水下。然而，即便许多国家已经提高了陆地遗产的保护程度，其大部分水下文化遗产仍未得到保护。联合国教科文组织《保护水下文化遗产公约》旨在向缔约国提供保护其水下文化遗产的机制。

就地保护是指对水下文化遗产在原来位置进行保存。2001 年《公约》建议在考虑打捞前首先考虑就地保护古沉船和水下考古遗址，但并不意味着拒绝地面上的博物馆、公众参与，或考古发掘。它只是建议将尽可能完好无损地保护考古遗址作为首要考虑。这一方法论是通过玛丽罗斯号和瓦萨号沉船，以及其他许多大型沉船或其货物的发掘而得出的。但即便玛丽罗斯号和瓦萨号沉船的保护获得了巨大的成功，受到相关博物馆建设的限制，许多其他的沉船并非如此。维持蓄水设施费昂贵而费时，并始终存在文物腐蚀的危险。而博物馆建筑往往缺乏足够的空间和条件以适应大尺寸的木质或金属的沉船残骸物。当文物打捞之后，一个遗址的真实性、完整性就无法保证。只有选择就地保护，才能够保护见证历史的重要意义，并发挥水下环境的吸引力。然而，就地保护并非总是最佳选择。若对保护文物或促进水下文化遗产的知识的传播具有极大的重要意义，也可以授权发掘该水下文物。

科学与技术咨询委员会是 2001 年《公约》的重要机构。由 12 名水下考古或相关领域的杰出专家组成，该委员会的核心职责包括：在科学和技术问题方面向缔约国会议提供必要的咨询意见；在水下遗产的事项上协助缔约国。有些国家缺乏水下考古学家，但却面临着意外发现文物、盗掘文物或科学疑点等诸多问题，这些国家可以请求 STAB 进行协助。该委员会专家随时可提供咨询意见，或者在必要情况下向申请国家派出专家团。该委员会通过实体会议、电子邮件交流和专家团进行工作，并积极干预，这正如在其近期对"圣玛利亚"残骸进行的调查，或者该委员会在马达加斯加及巴拿马任务中所展示的一样。除了对具体实践问题提供协助以外，也可以提供关于法律问题的协助，如对国内文化遗产法律提出建议。

2001 年《公约》旨在打击大规模掠夺、商业开发和非法或不道德贩运水下文化遗产而设立。该公约内容全面，涵盖了各个水域内的上述问题。该公约也显著提高了遗址的就地法律保护，禁止非法或不道德获取或贩运文物。此外，该公约还要求减少工业影响。威胁水下遗产的紧急情况可由诸多因素引起：寻宝活动（合法商业开发或非法掠夺）；工业建设（拖网捕鱼、港口建设、矿产采掘等）；缺乏对相关遗址文化重要性的认识，缺乏考古需求以及修复的知识等；自然危险，比如气候变化带来的侵蚀；缺乏法律或者法律执行。

通过影响设立适当保护文化遗产的法律，2001 年《公约》有助于防止上述危险。秘书处同时也致力于提高国家能力与提高国际标准。该公约包括全面严格的责任，禁止开发、掠夺以及贩运（合法或非法），允许进行处罚或者扣押。如缔约国有义务采取措施，例如：阻止非法出口和/或以违反本公约的方式非法打捞的水下文化遗产进入其领土，和在其领土上买卖或拥有这种水下文化遗产；禁止掠夺者使用其领土；控制其国民与船只，进行制裁；在其领土上扣押以违反本公约的方式打捞的水下文化遗产。

2001 年《公约》对紧急援助的需求进行了回应。科学与技术委员会通过派遣紧急任务团队随时向有需求的缔约国提供协助。2015年，科学与技术委员会派遣了任务团到巴拿马与马达加斯加，以协助这些面临着随机发现、寻宝活动或者科学不确定等问题的国家。

2014 年该委员会也派遣了一个任务团至海地。

为了提高对水下文化遗产的保护，教科文组织着重进行三方面的保护措施：第一，改进水下文化遗产保护法律及业务层面的保护。第二，建立水下考古方面的业务能力。第三，提高公众对水下文化遗产的意识。

《保护水下文化遗产公约》取得了很多独到的成就。首先，它是国际社会第一个保护水下文化遗产的普遍性文件；第二，它在很多重要事项上达成了折中方案；第三，它原则上保持了与《联合国海洋法公约》的一致和平衡；第四，它采用的最后条款有效促进了整体适用。因此，尽管新公约未跟随传统海事法上的理论路线，但它仍然合理地建立了一套法律规范，反制了将水下文化遗产商业化的传统路线。我们可以说，1982 年的《联合国海洋法公约》为海洋法上的疆界区划建立了一套坚实的制度；而 2001 年联合国教科文组织的新公约则更进一步地为世界上处于不同水域疆界内的水下文化遗产的保护工作建立了新的规则，而且这一规则是非商业化的、公法上的规则。

第四节　联合国教科文组织对文化财产的保护

一、对非法贩运文化财产的打击

2010 年 11 月 14 日是 1970 年《关于采取措施禁止并防止文化财产非法进出口和所有权非法转让公约》通过 40 周年纪念日。1954 年《关于在武装冲突的情况下保护文化财产的海牙公约》及其《议定书》通过 16 年之后，国际社会通过了教科文组织 1970 年《公约》，以扩大对文化财产的保护，遏制跨国非法贩卖文化财产活动增多势头。20 世纪 60 年代末及 70 年代初，博物馆及考古遗址偷盗现象不断增多，在南方国家尤为严重。而在北方国家，私人收藏家甚至官方机构获得的不正当进口或来历不明的物件藏品亦有所增多。1970 年《公约》要求缔约国在以下方面采取行动：

预防措施：登记清单，出口证明，贸易监管，刑罚制裁或行政处分，教育宣传活动等。

文物归还规定：《公约》规定，本公约对有关两个国家生效后，根据两国中的原主缔约国的要求，采取适当措施收回并归还进口的此类文化财产，但要求国须向不知情的买主或对该财产具有合法权利者给予公平的赔偿。

国际合作框架：加强缔约国多边和双边合作的理念贯穿整部《公约》。为应对文化遗产遭抢掠的情况，《公约》第 9 条规定可采取更具体措施，例如呼吁进出口管制。

根据这一开拓性的国际条约的规定，缔约国展开合作，保护各自境内的文化财产并打击针对文化财产的非法进出口及贩卖活动。该国际法律文件有针对性地应对这个迅速发展且备受政界、媒体、外交界及法律界关注的问题。

至今，1970 年《公约》已获得教科文组织 123 个会员国批准，当中包括许多文化大国及曾是非法贩卖文物中心的国家。然而，鉴于过去几十年来非法买卖文物活动迅速全球化，当务之急是让所有国家成为公约签约国，以避免属于全人类的各国遗产再遭洗劫。

为处理 1970 年《公约》及其他国际协议适用范围以外的案例情况，教科文组织于 1978 年成立"促使文化财产返还原主或归还非法占有文化财产"政府间委员会。作为谈判、仲裁及调停的平台，委员会旨在促进重要文物（如帕提农神庙雕塑）归还工作，同时致力制定措施防止非法贩卖文物活动，提高公众对打击非法贩卖活动的认识。

如今，由于非法盗掘及贩卖考古文物问题的出现，1970 年《公约》迎来了关键的时刻。许多教科文组织会员国认为需要提高《公约》知名度，促进其国家一级的贯彻落实，并重新思考其未来前景。

联合国教科文组织与许多政府间组织、非政府组织和国家组织共同合作，反对对文化财产的劫掠、盗窃和损坏。

欧洲联盟：关于预防和反对文化物品犯罪的理事会会议结果于 2011 年 12 月 13 - 14 日布鲁塞尔第 3153 届司法和内政事务理事会会议商讨成功。

政府间组织：联合国教科文组织与政府间组织紧密合作，在国际一级行动支持文化产品的保护，反对其非法交易，如欧洲—地中海地区第 4 期遗产项目机构，国际文化财产保护与修复研究中心，国际刑警组织，国际统一私法协会，联合国毒品和犯罪问题办事处，世界海关组织。

非政府组织：联合国教科文组织与文化遗产保护方面的非政府组织长期保持合作关系。本组织尤其与国际博物馆协会保持紧密关系。

专业警察单位或国家机构：联合国教科文组织与反对非法交易、盗窃和劫掠文化财产的专业警察单位或国家机构定期合作。为更好地意识到保护国家文化遗产的必要性，各国仍需开展预防和搜寻行动。

研究机构：全球多家研究中心和科学实体与联合国教科文组织共同参与文化遗产保护，这些机构面临许多威胁，尤其是不断增加的文化财产的非法交易。

二、文化财产的归还

教科文组织促使文化财产返还原主国或归还非法占有文化财产政府间委员会、私法协理事会及各自秘书处携手合作保护文化财产。此类协调合作对考古文物的保护有着尤为重要的意义。

为回应日益增长的统一尚未发现文物的国家归属权定义的需求，教科文组织与国际私法协会秘书处召集并委任专家组起草能够合理解决这一问题的文件。成果文件《示范条款》及其解释性指导原则旨在帮助相关国内机构及立法机关确立并认定尚未发现文物的国有问题。

《示范条款》简明实用。因此，六项条款明确指出了可运用于不同参与国立法的、尚未发现文物的法律地位，以及在国内与国际各级执行条款的方法。不可剥夺原则适用于所有文化财产，包括经授权挖掘及其他方式、被发现及未被发现的文化财产。

作为资源及工具，《示范条款》旨在充实负责委员会、相关合作伙伴及联系成员的机构的工作。联合国教科文组织鼓励各国实施《示范条款》，规范对未发现文物的国有问题的理解，更加有针对性地对文物进行保护。但《示范条款》并不具有法律约束力。

促使文化财产返还原主国或归还非法占有文化财产政府间委员会于 1978 年成立之时，各方提议设立基金会协助其运行。此外，由国际博物馆协会于 1977 年发布的旨在重组遗失遗产的《文化财产返还或归还原则、条件及措施研究报告》也建议创立类似基金。此项基金旨在支持各会员国追讨文化财产并有效打击其非法贩卖，特别侧重文物专家鉴定、运输、保险费用、展出设施搭建以及文物原主国博物馆专业人才的培训等工作领域。

在促进委员会工作及加强文物归还工作战略框架内，尤其是与文化遗产相关纠纷解决背景下，教科文组织大会第 33 届会议通过了成立文化遗产调解委员会的提仪，明确指出了委员会的仲裁与调解职能。大会批准对委员会章程做出修改，为此成立分委员会，负责讨论拟定草案。2010 年 9 月，委员会于第 16 届会议上审议并通过《仲裁及调解议事规则》。

只有教科文组织会员国或协理成员能够遵从仲裁及调解详细流程，但各会员国可以代表各自境内公共或私人机构及其国民的机构的利益。每隔两年，各会员国将受邀向秘书处提名并递交两名仲裁及调停人员候选人，依据其处理返还、解决争端及处理其他具体文化财产保护事务的能力及资历判定候选人能否胜任该职位。

流程规则以平等、公正、诚信的总原则为基准，旨在促进和谐公正解决有关文化财产归还的纠纷。因此，这一文件在仲裁人、调停人及各方就相关政治、外交、司法及财政事务进行受法律保护方面规定了通信保密的制度。《仲裁及调解议事规则》旨在对政府间委员会的工作提供补充。此外，其条款将不干预、减缓、阻碍或威胁其他程序及立法手段。值得一提的是，政府间委员会通过的这一文件并不具有准则性法律约束力。

2001 年 3 月，教科文组织总干事发起呼吁，号召各方参与这一共同事业，慷慨捐资，使文物能够早日返还原主国或失主。

第五节　联合国教科文组织对世界文化事业发展的巨大作用

　　自联合国教科文组织诞生之日起，在文化领域的工作一直是其工作重心之一，半个多世纪以来，她一直孜孜以求建设跨文化理解：通过保护遗产和支持文化多样性来实现。联合国教科文组织创立了世界遗产的理念，保护体现优秀的普世价值的遗迹，为人类文化事业的发展做出了不可磨灭的重大贡献。

　　联合国教科文组织最早提出文化在可持续发展中的特殊地位，倡导文化对可持续发展的贡献。积极提倡将文化纳入教育、科学、传播、健康、环境和文化旅游等所有发展政策，通过创意产业支持文化部门发展，通过世界文化事业的发展为世界减少贫穷做出贡献，为人类走向和谐社会奠定基石。

　　联合国教科文组织在世界范围内积极推动文化多样性，在全球化的浪潮下为保护民族文化的多样性奔走呼号，为世界各民族文化特色的保留和推广付出了大量的心血。

　　联合国教科文组织不遗余力地推进世界跨文化之间的交流，促进世界愈来愈紧密的相连，矢志不渝地传播和推广有助于促进对话、非武力和文化和睦的价值观和态度，以实现世界持久和平这一最高理想。

　　联合国教科文组织在唤醒人们保护自然与遗产意识方面功勋卓著，从《保护世界文化和自然遗产公约》到《保护非物质文化遗产公约》的制定，其对人类文化遗产的保护以及人类宝贵文明财富的传承厥功至伟。

　　联合国教科文组织对打击世界各国文化财产的非法贩运及文化财产的归还更是呕心沥血，每一项关于文化财产的政策及法规的制定无不饱含其对人类文明所留下的珍贵财富的至高无上的尊重。

第四章

组织管理机制

联合国教科文组织是各国政府间讨论教育、科学和文化问题的一个国际组织，成立于 1945 年 11 月 16 日，同年 12 月成为联合国的专门机构。截至 2013 年，共有 195 个成员国和 9 个联系会员国。在 2009 年，联合国教科文组织秘书处的专业人员和一般事务人员约为 2000 人，来自 170 多个国家。其中有 700 多人工作在联合国教科文组织位于世界各地的 65 个办事处。

联合国教科文组织的宗旨是："通过教育、科学及文化来促进各国间之合作，对和平与安全做出贡献，以增进对正义、法治及联合国宪章所确认之世界人民不分种族、性别、语言或宗教均享人权与基本自由之普遍尊重。"[1] 这些宗旨在联合国教科文组织的五大职能中均有所体现："（1）前瞻性研究。明天的世界需要什么样的教育、科学和文化研究？（2）知识的发展、传播与交流。主要依靠研究、培训和教学。（3）制定准则。起草和通过国际文件和法律建议。（4）知识和技术。以"技术合作"的形式提供给会员国制定发展政

---

[1] United Nations Educational, Scientific and cultural Organization, Basic Texts 2016 Edition. A. Article I.

策和发展规划。(5) 专门化信息的交流。"①

联合国教科文组织是政府间国际组织,因此它具备一般国际组织的特征:"一、国际组织的基本成员是国家;二、国际组织的职权是成员国赋予的;三、国际组织是根据成员国之间的多边条约建立的;四、国际组织是为了一定的宗旨和目的建立起来的;五、国际组织拥有独立的法律人格。"②

随着全球化的深入发展,国际组织在处理全球事务中起到的作用日益明显。因此,了解国际组织的治理结构,深入探讨其运行机制,对了解当代全球、地区性问题的解决具有重要意义。联合国教科文组织作为联合国的一个专门机构,其在全球教育、科学、文化传播上享有举足轻重的地位,因此对该组织治理结构的了解,有助于理解并运用它来解决全球教育、科学、文化传播等事宜。

第一节　联合国教科文组织的组织法、公约

一、组织法

组织法之于国际组织,正如宪法之于民族国家。1946 年 11 月 4 日,联合国教科文组织的《组织法》生效,标志着该组织正式成立。联合国教科文组织的《组织法》是规范该组织与各成员国在相关领域内的行为及与其他组织来往的准则。它是联合国教科文组织的基本文件,联合国教科文组织的建立和工作都以此《组织法》为依据,

---

① 刘红婴:《世界遗产法》,北京大学出版社 2008 年版,第 29 页。
② 王虎华:《国际公法学》(第 4 版),北京大学出版社 2015 年版,第 408 页。

不得超出《组织法》的规定。

正如"每个国际组织的章程都对该组织的活动方式和范围做出了限定性规范"[1]，联合国教科文组织《组织法》第一款第Ⅰ条规定："为维护本组织各会员国文化及教育制度之独立、完整及有活力的多样性起见，本组织不得干涉本质上属于各国国内管辖之事项。"[2] 此项条款既是对联合国教科文组织的限制，又能避免该组织与各成员国之间的矛盾，是联合国教科文组织得以长期运行的保证。"由于国际组织的职责都是由其章程明确规定的，超出章程规定的职权而擅自行动，应被视为非法。因此各成员国保留监督国际组织恪守章程行事及必要时退出该组织的权利。"[3]

二、国际公约

国际公约是为解决与安排国际事务而设立的规范，它反映了国际社会想要共同解决国际问题的态度与趋向。联合国教科文组织自成立之日起，借助自身平台，为解决诸多国际问题缔结了许多有重要影响力的国际公约，其中包括《保护世界文化和自然遗产公约》（1972）、《保护非物质文化遗产公约》（2003）、《保护和促进文化表现形式多样性公约》（2005）。以1972年《公约》为例，1973年4月4日，联邦政府每日公报发文表示"公约规定了禁止和防止非法进出口文化资产，及转让其所有权的措施"[4]。该公约赋予了民族国家确定哪些文化资产应当受到法律保护的主权权力，并且确定了文

---

[1] 王虎华:《国际公法学》（第4版），北京大学出版社2015年版，第412页。

[2] United Nations Educational, Scientific and cultural Organization, Basic Texts 2016 E-dition. A. Article Ⅰ.

[3] 王虎华:《国际公法学》（第4版），北京大学出版社2015年版，第412页。

[4] ［墨西哥］豪尔赫·A. 切斯·科尔德罗:《文化遗产：文化与法律文集》，常世儒等译，文物出版社2014年版，第255页。

化资产保护的范围，这促进了文化民族主义的发展。

三、宣言及其他

此外，联合国教科文组织还通过宣言、世界发展报告、发布中期战略等方式，呼吁各国重视教育、科学、文化领域的国际问题。如它在2001年发布《联合国教科文组织文化多样性宣言》，呼吁人类要像重视生态多样性那样重视文化多样性，保护多样的文化遗产，为子孙后代造福。它发布的《联合国教科文组织中期战略（2014－2021年）》，是教科文组织携手各界迈向"千年发展目标"及"2015年后全球发展目标"的重要战略性指导文件，该文件通过分析教育、科学及文化领域未来8年的全球发展趋势与策略，为各国教科文事业的发展提供诸多有益经验。

四、当前的挑战

尽管联合国教科文组织借助自身平台，成功与各成员国签署了诸多公约与宣言，但各成员国实际履约的意愿与能力却不尽相同。以《保护和促进文化表现形式多样性公约》为例。"联合国教科文组织的224个成员均参与了该《公约》的制定，按参与行为可分为三大类：第一类，始终支持和积极推动《公约》的发展，以法国等欧盟国家及加拿大为代表；第二类，自始至终反对公约的制定，以美国为代表；第三类，从积极参与演变为消极应对，以众多发展中国家为代表。"① 以美国与中国为例，长期以来，美国无论是出于经济利益还是文化理念，都难以认同联合国教科文组织的理念。里根总统在任时，甚至因不满联合国教科文组织"对第三世界的过度包

---

① 薛澜、俞晗之：《政策过程视角下的政府参与国际规则制定》，《世界政治与经济》2012年第9期。

庇导致了美国在国际社会中的孤立"①，曾一度退出联合国教科文组织。而作为发展中国家的中国，则明显表现出心有余而力不足。在制定《保护和促进文化表现形式多样性公约》时，一方面中国文化部部长表达了强烈支持联合国教科文组织的意愿，另一方面，在制定草案时又"过于小心谨慎，要求草案文字内容与国内政策不得矛盾"②。最终尽管中国在 2006 年成功缔结该条约，但各部门之间的统筹协调能力不强，效率低下，其结果很难令联合国教科文组织满意。鉴于这种局面，联合国教科文组织在制定计划时，不仅需考虑计划内容，还需综合分析各成员国的意愿与能力，统筹协调各方。而这不仅是对联合国教科文组织的挑战，也是对所有国际组织的挑战。

第二节　联合国教科文组织的准入与退出机制

"国际组织不是国中之国，也不是国上之国，因此不能像国家那样以征收税收来支付开支，只能依靠会员国的会费或接受的募捐、捐赠维持其运转。"③ 因此会员的准入与退出机制，不仅关系到国际组织的发展前景与持久稳定，也影响到维持其正常运行所需的财政状况。鉴于联合国教科文组织是联合国的一个专门机构，因此它的入会与退会机制与联合国密切相关。

---

① 薛澜、俞晗之：《政策过程视角下的政府参与国际规则制定》，《世界政治与经济》2012 年第 9 期。
② 同上。
③ 余永达：《国际组织》，清华大学出版社 2011 年版，第 29 页。

一、会员、联系会员与观察员

联合国教科文组织的会员多是主权国家。没有国际关系行为能力的地区可申请成为联合国教科文组织的联系会员。联系会员的权利与义务由大会决定。截至 2013 年，联合国教科文组织共有 195 个会员国，9 个联系会员。

会员的权利与义务在《组织法》中有详细规定。联合国教科文组织除了联合国系统和其他机构与组织资助的经费外，很多财政收入来自各会员国缴纳的会费。各个会员国根据自身财力大小，缴纳不同会费，但享有同样的权利与义务。此外《组织法》还对各会员国的其他各项权利与义务做出了规定，如第一款第二条规定："每个会员国有权任命一位常驻教科文组织代表。会员国的常驻代表向本组织总干事递交国书，并自递交该文件之日起正式履行其职责。"①

根据《组织法》第二款规定，联合国教科文组织联系会员的权利与义务由大会决定。其权利主要有："（i）参加大会及大会所属委员会与专门委员会之讨论，但无表决权；（ii）除前条规定的表决权受限制外，与会员平等地参与大会及大会根据其议事规则所指定的大会各委员会、专门委员会和其他附属机构的会议事务的处理；（iii）提出列入大会临时议程之项目；（iv）与会员平等地接受一切通知、文件、报告及记录；（v）与会员平等地参与处理召开特别会议之程序。"② 准会员的义务，在《组织法》中也有明确规定："准会员与会员承担相同之义务，但在确定其按本组织预算应承担之会

---

① United Nations Educational, Scientific and cultural Organization, Basic Texts 2016 Edition. A. Article II.

② United Nations Educational, Scientific and cultural Organization, Basic Texts 2016 Edition. B.

费时，应考虑其地位之不同。准会员之会费应按其作为正式会员所应承担数额之一定比例加以确定，除非大会另作决定加以限制。"①

此外，联合国教科文组织还有 2 个常驻观察员与 10 个国际政府组织常驻观察员代表团。

二、入会原则与程序

"国际组织在会籍问题上一般有两种原则：普遍主义原则和选择性原则。"② 联合国教科文组织是一个普遍性、开放性的国际组织，负有广泛国际责任的组织，因此会员国越多、分布越广，越能体现该组织的普遍代表性与平等性，故联合国教科文组织的入会条件与程序相对简单。由于联合国教科文组织是联合国的专门机构，因此其《组织法》第一款第二条规定："凡联合国组织之成员国均当然有权成为联合国教育、科学及文化组织之会员。"③ 此外，对于非联合国的会员，在联合国教科文组织执行局的推荐下，若得到 2/3 赞成票，也可加入联合国教科文组织。一些地区与组织还可成为联合国教科文组织的联系会员，入会方式也是经执行局投票决定。在联合国教科文组织的 195 个会员国中，仅有库克群岛、纽埃岛和巴勒斯坦这三个会员国不属于联合国的会员国。且只有列支敦士登这一个国家属于联合国会员国但不是联合国教科文组织的会员国。

三、退会程序

国际组织一般倾向于不明确设立退会程序，目的在于防止会员

---

① United Nations Educational, Scientific and cultural Organization, Basic Texts 2016 E-dition. B.

② 张贵洪：《国际组织与国际关系》，浙江大学出版社 2004 年版，第 67 页。

③ United Nations Educational, Scientific and cultural Organization, Basic Texts 2016 E-dition.

国以退会行为来威胁国际组织,迫使国际组织做出对自己有利的决定。根据《联合国教科文组织组织法》规定,凡是被联合国开除会员资格的国家,也自动取消其联合国教科文组织的会员资格。如果某会员国想主动退出,应通知总干事,并于当年的 12 月 31 日正式退会,其会员费、会员权利与义务也一并于该年的 12 月 31 日终止。

　　2011 年 11 月 23 日,共有 10 个国家曾先后离开联合国教科文组织。退会原因大概有三类:第一类是由于会员国国家重组或分裂,导致该会员国不复存在,苏联便属于此类情况。第二类是会员国因不符合联合国教科文组织要求被迫退会。第三类是会员国因不满联合国及联合国教科文组织而选择暂时退会。例如南非由于种族隔离制度于 1956 年退出联合国教科文组织,种族隔离制度废除后,又于 1994 年重返该组织。"美国由于与联合国教科文组织在建构文化领域国际规则上缺乏共识"①,于 1983 年退出联合国教科文组织,并于 2011 年"9·11"事件后重新加入。美国的退会行为一方面源于其与联合国教科文组织之间缺乏共识,造成其长期不满,故借经费问题来表达强烈抗议,另一方面"美国可能想通过退出联合国教科文组织——这一联合国全球系统中最弱的组织单元,来明确警告、威胁联合国或其下的其它组织"②。

---

①　薛澜、俞晗之:《政策过程视角下的政府参与国际规则制定》,《世界政治与经济》2012 年第 9 期。

②　David Pitt&Thomas G. Welss, The Nature Of The United Nations Bureaucracies, Boulder Colorado：Westvien Press, 1986, p. 118.

第三节 联合国教科文组织的组织机制

一、联合国教科文组织的领导机构：大会

大会由本组织各会员国的代表组成。大会每两年举行一次会议，参会成员为会员国及准会员。大会还邀请非会员国、政府间组织、非政府组织和基金会作为观察员参加会议。每个会员国无论国家大小和缴纳多少会费，均享有表决权。各会员国均持有一票，最多可以有五位代表出席大会。联合国教科文组织《组织法》要求各会员国在选派代表前，应咨询该国相关的教育、科学、文化等机构。在设立联合国教科文组织全国委员会的国家，也应做好相关咨询工作。

大会的权利有：决定联合国教科文组织的政策及工作方针、通过本组织下个双年度的《计划与预算》、选举执行局委员、每四年任命一次总干事等。大会的工作语言为英文、阿拉伯文、中文、西班牙文、法文和俄文。大会在 1946 年至 1952 年期间，每年举行一次会议。自 1952 年起，大会每两年举行一次。按照惯例，大会多在巴黎举行，但其他城市也曾举行过大会，如墨西哥、贝鲁特、佛罗伦萨、蒙得维的亚、新德里、奈洛比、贝尔格莱德、索非亚等。

二、联合国教科文组织的执行机构：执行局

执行局是联合国教科文组织的三大法律机构之一。在某种意义上，执行局负责联合国教科文组织的全面管理。执行局的 58 个委员由大会选举产生，每届任期四年。执行局每年召开两次会议。

执行局的职能与责任主要源于《组织法》和大会制定的有关《规定》或《指示》。除这些规定之外，大会的决议还会对其进行补充。执行局负责为大会做筹备工作，确保大会的决定得到落实。在大会召开前，执行局审查预算和总干事递交的即将为期两年的项目。执行局将这些项目与执行局的相关建议一并递交给大会，并负责安排大会议程。大会每两年向执行局委托一次具体任务。按照联合国教科文组织与联合国、联合国附属的专门机构、其他政府间组织签订的协议要求，执行局也负责完成相关任务。

《组织法》的最初规定是尽管执行局的会员是各个国家的代表，但他们行使的是大会作为整体而授予他们的权利。直到1993年，执行局的成员还不是会员国，而是指派的个人。联合国教科文组织的《组织法》仅标明应该尽量包括那些在艺术、人文、科学、教育和思想传播方面有能力的人。在1993年，大会改变了这一标准。自那时起，就要求执行局的会员国任命那些能在联合国教科文组织的一个或多个领域胜任的代表，这些代表需有必备的经验与能力来履行行政职责及经营管理执行局的责任。在挑选这些代表时，大会需综合权衡其所代表的文化多样性和所在区域，要使世界各地区分配均衡，以反映本组织的普遍性。

根据1972年颁布的《组织法》修正版，执行局的成员每四年选举一次，且不能连续两届担任成员。在每届会议上，大会都会选举新的会员来接任即将到期的会员。1968年成立了一个由会员国组成的选举系统，专门负责管理选举执行局这一事项。

三、联合国教科文组织的行政管理机构：秘书处

秘书处负责执行联合国教科文组织的各个项目。秘书处由总干事及其委任者组成。总干事由执行局提名，经大会选举产生。秘书

处的工作人员由总干事任命。总干事是联合国教科文组织的对外代表，经执行局提名，通过大会选举产生。联合国教科文组织的第一任总干事是朱利安·赫胥黎。此后共经历9次选举，现任总干事为伊琳娜·博科娃。受总干事任命的工作人员为国际公务员，"以个人身份为联合国教科文组织服务，不寻求或接受任何政府或本组织以外当局的指示，以保持其公正性和独立性。"① 联合国教科文组织的大部分国际公务员都是多面手，而不是只研究某一问题的专家。因此他们在制定各种项目计划时，通常会咨询国际上相关领域的专家学者。

为辅助联合国教科文组织秘书处工作，秘书处下还设有四类机构：（1）总干事办公室；（2）活动领域部门：教育、自然科学、社会科学与人文科学、文化以及传播与信息等部门；（3）辅助部门：对外关系和公众宣传部、管理部；（4）主要服务部门：理事机构秘书处、国际准则及法律事务办公室、内部监督办公室、道德操守办公室、战略规划编制局、财务管理局、人力资源管理局、总部外协调局、非洲部、费利克斯·乌弗埃－博瓦尼和平奖秘书处。此外，秘书处还领导总部外办事处以及联合国教科文组织研究所和中心等机构工作。

四、联合国教科文组织的常设机构及其他机构

联合国教科文组织的总部位于法国巴黎，此外，根据《组织法》的规定，它还可以在各个会员国创建各国的联合国教科文组织全国委员会，这种设置方式算是联合国所有机构中的一个创举。后来为方便与各地区、各国开展合作，又设立了各类地方办事处。这些办

---

① 余永达：《国际组织》，清华大学出版社2011年版，第30页。

事处根据功能主要分四种：集群办事处（cluster offices）、国家办事处（national offices）、地区办事处（regional bureaus）与联络办事处（liaison offices），分别设立在联合国教科文组织的五大地区：非洲、阿拉伯国家、亚太地区、欧洲与北美洲、拉丁美洲与加勒比地区。

此外，联合国教科文组织还设立有 12 个机构，旨在支持推进项目运行，并为外地办事处提供专门的支持与帮助。这些机构包括国际教育署（IBE），联合国教科文组织统计研究所（UIS），欧洲高等教育中心（CEPES）等。

截至 2016 年，联合国教科文组织与 381 个非政府组织及众多基金会建立了正式联系。非政府组织的目标具有国际视野，因此它们的执行局代表来自多个国家，并分别代表各自的国家。"这些组织与联合国教科文组织主要是咨询关系。它们并不是联合国教科文组织建立的，有各自的目标、委员会与政策，但在各自擅长的领域里，又会经常收到联合国教科文组织征集相关建议的请求。"①

第四节　联合国教科文组织的行政运作

"国际组织的行政运作是指国际组织内各机构在行使其职能，举行各种会议时所遵循的程序性规则、制度和规定。"② 按照国际惯例，"国际组织的议事规则一般包括这样三项：会议规则、决策程序

---

① Seeger Anthony, Understanding UNESCO: A Complex Organization with Many Parts and Many Actor, Journal of Folklore Research, Vol. 52 Issue 2/3. May, Dec2015.

② 余永达:《国际组织》，清华大学出版社 2011 年版，第 31 页。

和表决程序。"①

一、会议规则

联合国教科文组织的会议规则在《组织法》中有明确详细的规定，每两年举行一次大会，有特殊情况时，大会可自行决定或经执行局召集或在1/3会员国提出需要的情况下可召开特别会议。根据《组织法》第一款第Ⅳ条规定："大会每两年举行一次常会。特别会议由大会自行决定，亦可由执行局或应至少三分之一会员国请求召集之。大会每届会议开会时应规定下次常会之会址。特别会议如系大会召集其会址应由大会决定，否则由执行局决定。"② 自联合国教科文组织诞生之日起，大会多在法国巴黎的总部召开。

二、决策程序

联合国教科文组织的格局相对开放，入会门槛低，成员数量众多，且各成员国在决策中享有平等的投票权，因此谈判结果常常能反映多数国家的利益偏好，从而制约霸权国的行动能力。相比于国际货币基金组织和联合国这两个相对封闭的国际组织，联合国教科文组织的开放性更强，且没有任何国家具有一票否决权，大国与霸权国只能依靠自己的实力来影响决策，因此即使是"国际体系中最大的国家，也难以具有关键的影响力、主导组织的决策事务"③。

以美国为例，"在20世纪50年代，霸权国美国能主导该组织的议事日程并提供超过30%的财政资助，却还是无法控制大多数重要

---

① 张贵洪：《国际组织与国际关系》，浙江大学出版社2004年版，第81页。
② United Nations Educational, Scientific and Cultural Organization, Basic Texts 2016 E-dition. A. Article Ⅳ.
③ 刘铁娃：《霸权地位与制度开放性：解释美国对联合国教科文组织影响力的演变》，《国际论坛》2016年第6期。

谈判的结果。"① 这是因为在联合国教科文组织的投票中，尽管美国的同盟者大多倾向于与美国站在一起，但由于该组织的广泛开放性，随着会员国越来越多，"美国议事主导权的逐渐丧失，无力阻止不利于自己的决议通过，其中的案例包括涉及反殖民主义、中东地区事务和新的世界信息秩序等方面的内容。"②

三、表决程序

国际组织的表决涉及两个问题："一是表决权的分配，是一国一票，还是一国多票；二是表决权的集中，是全体一致通过，还是多数通过。"③ 在联合国教科文组织的大会表决中，每个成员国不论大小均持有一票。根据《组织法》第一款第Ⅳ条："除按本组织法之条款或大会议事规则规定需三分之二多数通过之决议外，其他决议简单多数即可通过。多数应指出席并参加表决的会员之多数。"④

联合国教科文组织的一国一票多数表决制，充分体现了对每一个国家的尊重，实现了每个国家无论贫富、大小，均能表达自己声音的愿景。然而，这种表决制度也有一定的弊端，如它在客观上容易造成组织内部多数派与少数派之间的对立，并伴随着更多类似决议的产生，容易形成成员国之间的严重隔阂与对立，这对于维护组织内部的稳定很不利。此外，尽管某些少数派国家一直持反对意见，但它们并不能影响决议的最终通过，这一事实可能导致某些少数派国家的消极参与甚至退会。

---

① 刘铁娃：《霸权地位与制度开放性：解释美国对联合国教科文组织影响力的演变》，《国际论坛》2016 年第 6 期。

② 同上。

③ 余永达：《国际组织》，清华大学出版社 2011 年版，第 31 页。

④ United Nations Educational, Scientific and Cultural Organization, Basic Texts 2016 E-dition. A. Artcle Ⅳ.

第五节　联合国教科文组织三大领域的运行方式

联合国教科文组织在其主管的教育、科学、文化、传播与信息等业务范围内设立了十多个政府间机构及大型合作计划，以推动国际智力合作，其中主要有：国际教育局、人与生物圈计划、国际地质对比计划、国际水文计划、政府间海洋学委员会、社会变革管理计划、世界遗产委员会、促使文化财产归还原主国或归还非法占有文化财产政府间委员会、世界版权公约政府间委员会、国际传播发展计划、综合信息计划、政府间信息学计划、政府间体育运动委员会等。

教科文组织大会选举产生的各执行理事机构负责规划和管理各计划的活动，并建立各自的国际或地区合作网络，如"国际生物圈保护区网络"、"世界遗产名录"等。此外，教科文组织还同世界上300多个在教育、科学、文化等领域有重要地位和影响的非政府国际组织建立了正式（协作类、咨询类）关系或业务关系。

总之，联合国教科文组织在教育、科学及文化三大领域根据领域特点的不同，采取不同的运行方式。这些方式有相通之处，又各有特点。

一、教育领域

教育是联合国教科文组织的主推活动领域。教育是一项基本人权，对履行其他人权起到重要作用。它促进个人自由，培养自立能力，并带来巨大的发展效益。事实上，教育对个人发展、经济增长和社会团结至关重要。教育问题一直以来都是国际上备受关注的热门话题之一，同时也是联合国教科文组织的三大领域之一。历史上，自第二次世界大战结束之际，欧洲各国首脑齐聚英国召开了教育部长联合大会，商讨未来教育发展计划，重建战后教育体系。也正是在此次会议上，联合国决定建设"人类智力与道德团结"的组织，即教科文组织。

联合国教科文组织教育部门致力于：引领全球创建学习型社会，为所有人提供教育机会；提供专家、促进合作，以加强国家教育领导能力和各国提供全民优质教育的能力；发展合作伙伴，促进监督以实现目标、推动进展。其目标是加强对幼儿阶段的关注和教育；普及全民初级教育；增加年轻人和成年人的受教育机会；将成年文盲的比率减少一半；努力实现两性平等；在各个方面改善教育质量。在这些目标中，两个主要的、并且也是联合国千年发展目标中所包括的目标是：普及初级教育和消除两性间在受教育方面的不平等现象。正是在这个框架内拟订了教科文组织的中期战略（2002－2007），战略所依据的三个主要目标是：增进教育这一基本人权；通过内容和方式的多样化改善教育质量；在这一领域促进试验、创新、公布、交流和分享数据及更好的方法，并且鼓励围绕教育政策进行对话。

作为一个国际智力合作机构，教科文组织在教育方面开展的活动形式主要是：举办各种类型的国际会议，促进政策性对话；开展教育研究，对当今世界教育方面的某些热点问题进行探讨；促进教育人员与教育成果交流，通过发行出版物和建立信息网促进信息传递与交换；举办培训活动；开展实验项目。其中，为了更有效地推进全球教育工作，联合国教科文组织设有全球一级的教科文组织研究所和中心，以及地区性教育机构，如非洲能力建设国际研究所、阿拉伯地区教育办事处、亚太地区教育办事处以及位于欧洲和北美的国际教育局等。关于全球一级的研究所和中心，他们的任务也不尽相同，如设在瑞士日内瓦的国际教育局的主要职责是完善课程发展和教育内容；设在法国巴黎的国际教育规划研究所主要负责帮助各国进行规划、管理和完善教育体系；位于德国汉堡的终身学习研究所负责推动扫盲、非正式教育及成人和终身学习；等等。

此外，联合国教科文组织还指定和完善教育权方面的国际法律义务，从法律方便要求政府履行提供全民教育的法律和政治义务，并在此基础上有效地实施和监督教育战略。根据不同国家的不同情况，教科文组织还提供教育政策分析方面的技术协助、发展规划设计等不同程度和类型的支持。他们对国家教育机构人员开展能力建设，如政策制定、部门分析、教育规划、部门管理等。此外，联合国除了与各国国家和地区合作外，还十分重视和联合国其他机构的合作，如国际劳工组织、联合国儿童基金会、世界银行、联合国人口基金会等，重视双边和多边捐资者、民间社会和非政府组织、私营部门和其他按主题划分的合作伙伴，如艾滋病规划署教育问题机构、艾滋病与教育全球倡议、联合国女童教育倡议等。

二、科学领域

为了实现可持续发展以及构建人类福祉的目标，联合国教科文组织一直致力于自然科学和科技的发展。联合国教科文组织在科学领域涉猎广泛，除基础科学、工程科学外，重点关注当前人类面临的主要问题，如可持续发展问题、生命伦理问题、人类安全问题、水资源管理问题等。为此，教科文组织专门设立了如下重点计划项目：人和生物圈计划、国际水文计划、国际地址对比计划（IGCP）和政府间海洋学委员会（IOC）。其在科学领域的主要使命包括：促进国际社会在科技方面的合作；促进科学家和决策者之间的对话；提升科技能力；提倡发展科学；构建一个思想交流和统一标准的平台；在全世界范围内实施科技项目。

联合国教科文组织的自然科学部门主要由自然科学助理总干事Flavia Schlegel 领导、120 名员工组成，通过 UNESCO 巴黎总部和世界各地的办事处来实施各项科技项目。其中具有区域授权的办事处主要位于：内罗毕（非洲地区）、雅加达（亚太地区）、威尼斯（欧洲和北美地区）、开罗（阿拉伯地区）和蒙得维的亚（拉美和加勒比地区）。除办事处外，教科文组织的自然科学领域的工作还由组织机构进行。一种为自治机构，主要致力于帮助成员国提高科技发展水平，如位于荷兰代尔夫特的水教育研究所、位于意大利里雅斯特的国际理论物理中心和位于加拿大蒙特利尔的统计研究所。另一种为由教科文组织赞助的机构，致力于特定领域，如水资源、可再生能源、生物科技等。教科文组织旗下这样的专门机构大概有 50 多个。联合国教科文组织世界各地科技领域的办事处在巴黎总部的带领下形成一个互通有无互利共享的关系脉络，有效地为世界各地自然科学及科技的发展提供着支持和保证。

联合国教科文组织协助其成员国制定科技创新政策相关方面的政策、措施和计划。同时它还协助其改革科学系统和科技管理，认清在新的发展形势下怎样的政策有助于科技的发展和普及。这些问题涉及政策的制定、实施、监管和反馈等诸多环节，与每个国家国内的科技活动密切相关。从 2004 年开始，在其政府的要求下，UNESCO 就开始协助尼日利亚和刚果共和国改革他们的科学系统，在 2008 年坦桑尼亚联合共和国也得到了这样的协助。2005 年，UNESCO 对非洲国家实施科技综合行动计划，2007 年 10 月，UNESCO 大会通过了在非洲国家实施 STI 的提案，该提案被作为科技综合行动计划中的项目之一，旨在发展非洲国家的科技创新政策。

三、文化领域

对促进文化多样性的关注可以被看作是教科文组织在文化领域开展行动中的一个优先事项。为了丰富多样性，提出多样性应该建立在认可他人及其文化以及开展对话的基础上，从而以便相互了解和欣赏。因此，如果没有人，没有讨论，文化多样性就不可能继续存在。在2001年通过的第31届会议所做的教科文组织《世界文化多样性宣言》中，各会员国重申：坚信文化多样性是发展的源泉之一，其对于人类的重要性就如同生物多样性对于大自然的重要性一样。另外，各国坚决摈弃文化和文明间的冲突不可避免的观点。

联合国教科文组织创建了全球文化多样性联盟。该联盟催生了发展中国家公共部门与私营部门行动者之间为支持当地文化产业——例如音乐和出版——而缔结的新型伙伴关系。该联盟将制定新的方法、行动和战略，以减缓文化财产方面的贸易不平衡，尤其是北方国家与南方国家之间的不平衡，同时防止盗版，确保在国际上尊重著作权。

此外，该组织是遗产保护方面的国际倡议的牵头人。1972年通过的《保护世界文化和自然遗产公约》的观点基础是：某些遗址具有普遍的突出价值，因此，应被列为人类共同遗产。在不影响国内立法所规定的国家主权和知识产权的情况下，公约缔约国承认，保护世界遗产是整个国际社会的义务。《世界遗产名录》如今已收录了981个自然和文化遗产，其中包括从印度的泰姬陵到马里的通布图城等历史遗迹，还包括像澳大利亚的大堡礁这样的自然奇观。世界遗产中心是公约的常设秘书处。

联合国教科文组织还为保护特殊遗产提供技术援助，如（柬埔寨）吴哥的高棉古都和摩洛哥的非斯城。目前正在文化遗产异常丰富的阿富汗开展一个新项目。

不能把我们共同遗产的文化和自然遗址与人的个性割裂开来，是不同个性的人创造了表达方式多种多样的文化和自然遗产，这一点在发展中国家尤其明显。这些文化遗产大都表现为非物质遗产的形式：节日、歌曲、语言和激发创造性和团结精神的集会地点。联合国教科文组织制定了第一部旨在保护这些遗产的国际法律文书——《保护非物质文化遗产公约》。国际评审委员会在 2001 年选中了首批 19 项《人类口述和非物质遗产代表作名录》，其中包括中国的昆曲；该委员会定期将其他杰作列入该名录，目的是提供法律保护和财政帮助。

联合国教科文组织在文化领域活动的主要形式为：制定国际准则性文件，如公约、议定书、建议书、宣言等；召开各类政府间国际会议；组织开展各类专业学术研究活动；出版各类图书、期刊、报告、文献、音像制品及电子制品；以专家咨询、设备支助等形式向会员国提供技术援助；举办培训、研修、实习等活动；向非政府国际组织提供资助；与会员国和地区性机构合作开展业务活动。

第六节　联合国教科文组织的合作伙伴

联合国教科文组织为实现"促进教科文方面的国际合作等"的宗旨和"人类智力上和道义上的团结"的创始初衷，积极团结全世界的各方力量，根据不同活动领域运行方式及特点的不同，与教科文组织内部、政府组织、非政府组织、私营组织、国际网络、媒体与亲善大使都保持着密切的合作关系。

一、联合国教科文组织内部合作

联合国教科文组织内部为合作提供多种切入口，已在多个领域建立完善而成熟的合作项目。

教育方面包括协调和倡导全民教育、促进可持续发展教育以及全球教育发展监测系统。自然科学领域主要涉及支持水安全、加强科学技术的能力建设与创新以及可持续发展与生物圈保护。海洋方面涉及的主要方面则是建立了联合国教科文组织政府间海洋学委员会。社会与人文科学方面把主要精力放在了社会变革与跨文化对话以及体育与反兴奋剂等事件上。文化方面涉及保护、推广与传播遗产的能力建设、培养创造力和文化表达多样性、保护濒危遗产以及为和解与对话促进分享历史和记忆。信息与通信方面涉及通信发展国际计划（IPDC）等媒体多元化项目、联合国记者安全行动计划、世界记忆项目（MOW）。通过 ICT 建设知识社会的开放解决方案以及帮助残障人士的 ICT 策略。教科文组织的优先项目优先在非洲进行，其中包括：推广和平与非暴力文化、加强可持续发展教育体系、实现非洲社会经济可持续发展的 STI 和知识、非洲自然资源的可持续管理、在区域整合背景下运用文化的力量推动可持续发展以及促进有利于言论自由和媒体发展的环境。

二、与政府组织合作

联合国教科文组织同许多政府间国际组织（IGOs）合作，共同拥有一致的目标和责任，其中尤其突出的是教科文组织的全球优先事项，即非洲和性别平等。教科文组织增强并扩大了与政府间国际组织合作的力度，通过签署 87 项正式协议增强教科文组织在国家、区域和全球层面上通过联合活动发挥作用的能力。

教科文组织继续与长期合作伙伴——伊斯兰教育、科学和文化组织（ISESCO）保持协作和业务关系。伊斯兰教育、科学和文化组织成立于 1981 年，是伊斯兰会议组织的专门机构之一，旨在发展伊斯兰国家和地区的教育、科学和文化事业。此外，教科文组织与欧盟在一些领域享有共同的目标，并多次通过共同合作来实现这些目标。教科文组织与欧盟委员会和欧盟代表大会以主题对话和金融合作的方式在国家层面上提高双方共同利益，如教育、文化、技术科学以及海洋问题。在 2012 年 10 月，双方共同签署协议，来增强谈话，加强合作。同时，教科文组织还与欧盟多边发展银行等区域性组织保持着紧密的工作联系。此外，联合国教科文组织在 2013 年 11 月和 2013 年 12 月分别与加勒比共同体（CARICOM）和东盟（ASEAN）签署了协议，继续保持并加强教科文组织与这些区域性国际组织的共同合作关系。

三、非政府组织机构合作

联合国教科文组织自成立以来，同样重视与非政府组织协作，一直寻求与非政府组织合作的机会。非政府组织是实施本组织活动与项目的重要民间团体合作伙伴。多年来，教科文组织已在教育、社会、人文科学、文化、传播与信息等领域内与具备专业特长的非政府组织建立起宝贵的合作网络。目前，教科文组织已与 373 个非政府国际组织、24 个基金会及类似机构建立起正式合作伙伴关系。此外，教科文组织也一直与非政府组织合作伙伴携手开展一系列国际、区域及国家级的活动。

整合非政府组织的专长与资源使教科文组织得以实现以下目标：与非政府组织建立战略联盟；提升双方的项目及活动实施的效率与

效用；通过与非政府组织合作来在全球、区域及国家层面提升组织知名度，增强组织行动的影响力和作用；加强准则性框架的实施与监督；提升组织能力，使组织行动能更充分地接触社会各阶层的期待受益者，倍增教科文组织行动的效果。

四、私营组织

联合国教科文组织与包括中小型公司、国内公司、国际和跨国企业在内的商业企业、慈善和企业基金会，金融机构以及个人等各类私营部门伙伴合作以完成其广泛的使命。

目前，教科文组织与私营部门的伙伴关系涉及从资金募集到战略伙伴关系等诸多方面。联合国教科文组织与众多私营部门建立了不同程度的官方合作伙伴关系，这些合作既有项目实施，提供政策指导、技术援助和专业知识等具体业务，也有通过倡议和提升意识，在宣传教科文组织的核心伦理观和纲领性价值观时发挥重要作用等方面的合作。

五、国际网络

联合国教科文组织还拥有广泛的合作网络，如二类中心与研究所、职业教育与培训网络；教科文组织俱乐部、联合国教科文组织教席及联合国教科文组织联系学校等。

首先，联合国教科文组织已在全球范围内委派了94个国际和地区性的二级机构和中心。这些二类研究机构和中心，原则上并不属于教科文组织，但他们由会员国根据各机构在教科文竞争领域的能力提议选出，其组成与运行要受到教科文大会的支持与监管。通过能力培养、信息分享与研究实践，这些机构与研究中心可以为教科文组织在会员国的战略项目做出富有价值性和独一无二的贡献。

职业教育与培训网络是联合国旗下专门负责技术与职业教育培训的事业系统，帮助教科文组织的 195 个会员国加强和完善职业教育体系。该网络通过达到在职业教育方面的平等与公正，尤其是发展中国家地区以及儿童、女性等弱势群体的平等，从而进一步缓解了社会贫困、增强了社会凝聚力。其国际中心作为联合国教科文组织国际技术和职业教育培训计划的关键组成部分，致力于支持联合国教科文组织对全民教育和可持续发展教育的任务。该网络如今通过促进在人力资源发展方面的国际性与地方性合作、知识共享和加强创新性实践等，加强并完善了世界范围内的职业教育与培训网络。

教科文组织联系学校指的是全球范围内位于 181 个国家的 1000 所教育机构。这些机构涉及学前教育、基础教育、中学教育以及职业教育和教学培训等，支持国际的相互理解、和平、跨文化交流以及可持续发展。

六、媒体与亲善大使

媒体拥有最强大的宣传能力和最广泛的途径来向决策者和公众传达信息。除教科文组织自身的官方网站、图书馆、数据库以及出版物等宣传方式外，其他国家与地区的媒体也成为联合国教科文组织的最佳合作伙伴之一，教科文组织的全部活动都处于当今世界面临的所有重大挑战的核心，包括提供大众教育，管理气候变化和捍卫人权。

教科文组织与媒体的合作方式是多种多样的，既可以是与某一项活动相关的短期合作，也可以是与某一特定事务或教科文组织全部活动相关的长期合作。因此，联合国教科文组织与日本顶级广播公司——NHK 和总部在巴黎的《国际先锋论坛报》建立了宣传世界遗产的长期合作关系。教科文组织也和中国的新闻机构新华社以及俄罗斯联邦的俄罗斯新闻社在教科文组织的所有优先领域保持密切合作关系。2012 年，联合国教科文组织与德法广播电台 Arte 结为合作伙伴，庆祝第一个国际爵士乐日，同年教科文组织与巴西报业龙头 O Globo 和日本报业龙头 Manaichi 合作向参加里约会议 20 周年（RIO + 20）论坛的世界领导人传达联合国教科文组织的重要信息。联合国教科文组织也同 SIPA 图片社合作在纽约的联合国总部和巴黎的教科文组织总部举办了令人难忘的"上学路上"展览，并定于 2013 年进行世界巡展。

联合国教科文组织的亲善大使包括享有较高声誉的名人、特定领域的专家学者、艺术家以及体育界的冠军和明星们。

随着经济全球化的加剧，国家之间、地区之间的交流越来越密切，在这种时代大潮下，国际组织的作用越来越大，其职能也得到相应的加深。联合国教科文组织作为联合国针对全球教育、科学、文化的专门机构，其在加强各国之间的交流、促进全球科学文化发展、提高各国教育水平上起着不容忽视的作用。以全球教育治理为例，"联合国教科文组织是国际层面最重要的机构，其重要性不仅体现在联合国对该组织的倚重，即在国际教育领域的枢纽地位，而且体现在其为全球教育事业做出的贡献与领导力。"[1]

此外，联合国教科文组织的组织结构与其职能密切相关。为了尽可能多地代表不同国家与地区的声音，它设置了简单、开放的入会条件。为让各会员国平等参与教科文组织的运行，它设立了一国一票、简单多数票选举机制。在治理结构方面，它日趋完善的三级治理结构、分布在世界各地的办事处、多个国家委员会及 12 个专门机构等，不仅有利于发挥联合国教科文组织的世界代表性，而且其良好的运行机制为其他国家组织提供了有益的参考。

---

[1]　杜越：《联合国教科文组织与全球教育治理》，《全球教育展望》2011 年第 5 期。

第五章

与国家政府的沟通机制

联合国教科文组织自 1945 年成立以来，主要负责联合国在教育、科学及文化方面的工作，主要是与世界上的主要国家、国际组织与非国际组织进行在这三方面的交流与合作，力图促进全球教育、科学及文化事业大发展。联合国教科文组织在诸多方面的努力与尝试，俨然使其成为世界上最大的、影响力最为深远的政府间智力组织，同时也作为一个联络点，连接着世界上许多非政府间国际组织的合作。

不管是和政府国家进行合作，还是充当非政府国家间国际组织的网络连接点，联合国教科文组织自成立以来，不断地推出多种多样的合作沟通方式，形成一套完备齐全的沟通机制。本章以联合国教科文组织与政府国家间（主要集中与中国、美国）的合作为基点，在回顾双方间发展历程的基础上，进一步分析双方沟通机制形成的特点，产生的影响，最终落脚于其合作机制的原因，力图从一个整体的角度来对联合国教科文组织与政府国家的沟通合作机制作一个较全面的评析。

第一节 联合国教科文组织基本沟通框架

联合国教科文组织自成立以来，拥有 195 个成员国（截止到 2016 年），与 600 多个国家组织和各国研究机构的学者保持着密切的联系，与政府间国际组织、私营部门、媒体、国际网络等维持其合作伙伴关系，联合国教科文组织的沟通合作框架已在历史的检验和反复实践中越来越完善。然而，在众多的合作伙伴关系中，与政府国家的合作沟通仍是联合国教科文组织最主要的合作沟通方式之一。联合国教科文组织通过与其成员国政府直接进行沟通合作，其主要通过在成员国家设立办事处，定期、非定期与成员国政府领导人进行交流沟通，派遣相关工作人员前往成员国家开展合作等，结合种类多样的合作方式，如举办各种类型的国际会议、在特定时期对世界热点问题开展研讨会、发行各类出版物、建立信息网络、举办培训活动及开展各类实验项目等等，对成员国及世界其他国家发挥重要的影响作用。其发挥影响的主要渠道大致可概括为两条：一是通过制定国际公约与宣传推广先进理念。70 多年以来，联合国教科文组织在教育、科学、文化、传媒领域所发起和倡导的重要理念，体现在通过的 6 个国际公约中：1952 年的《世界版权公约》、1954 年的《武装冲突情况下保护文化财产公约》、1972 年的《保护世界文化与自然遗产公约》、2003 年的《保护非物质文化遗产公约》、2005 年的《保护和促进文化表现形式多样性公约》、2005 年的《反对在体育运动中使用兴奋剂国际公约》；除此之外，联合国教科文组织还通过各种宣言，即 1990 年的《世界全民教育宣言》、1997 年的《人

类基因图谱与人权国际宣言》、2001 年的《联合国教科文组织世界
文化多样性宣言》等；二是通过国际会议等方式提出先进的理念。
"以联合国教科文组织为代表的国际组织对世界教育、特别是在发起
全民教育、倡导教育公平、构建终身学习社会等方面产生了重大影
响。"① 联合国教科文组织不仅致力于推出各种适应时代发展要求的
一系列理念，如免费义务教育、终身学习、扫盲运动等，而且积极
将这些先进理念运用到世界诸国及国际组织中，使其接受并采取积
极措施，甚至一些先进理念已演变成一些主要国家的政策。

第二节　联合国教科文组织与主要国家
政府间的沟通合作

　　纵观联合国教科文组织自成立之初到目前为止，其发展大致经
历了四个主要阶段：成立初期为自由主义知识分子的理想时期；20
世纪 50 年代至 60 年代为发展的相对平缓时期；20 世纪 70 年代至 90
年代陷于政治化的困境；步入 21 世纪之后，联合国教科文组织又开
始呈现出向成立初期的理想 – 功能主义的回归趋势。② 在这 70 多年
的时间中，该组织通过了如《保护世界文化和遗产公约》（1972）
等诸多国际公约，在科学、教育及文化领域对世界主要国家和地区
产生了不容小觑的影响，做出了卓越的贡献。

---

① 周一、熊建辉、张鹤：《全球教育治理：联合国教科文组织的作用与中国的参与
　——联合国教科文组织教育主力总干事尼古拉斯伯内特专访》，《世界教育信
　息》，2009 年 3 月。
② 谢喆平：《中国与联合国教科文组织的关系演进———关于国际组织对成员国影
　响的实证研究》，《太平洋学报》，2010 年 2 月。

　　然而，对于当今世界的任何一国而言，加入一个国际组织并非像发表一项声明一样简单，其申请加入到成为成员国要经历一个复杂且漫长的过程。在这样的过程中，申请国要与国际组织进行必要的沟通交流，对参与过程进行协商，对相关制度完成国内构建等等。米歇尔·奥克森伯格（Michel Oksenberg）和杰克逊（Harold K. Jackson）是研究中国问题的专家，在中国加入国际货币基金组织时曾指出，特定国家加入一个国际组织的大致阶段，尽管存在些许反复，但是基本为四个：接触（engagement）、最初参加（initial participation）、相互调整（mutual adjustment）及成熟的伙伴关系（mature participation）。① 将这一理论放入研究联合国教科文组织与其任一会员国的发展历程中，基本都是适用的。在接下来的章节，本研究将以这一理论为支撑，紧扣联合国教科文组织的发展阶段来回顾主要会员国——中国和美国与其的发展历程。中国作为当今世界最大的发展中国家，自重新恢复在联合国合法席位以来，与联合国教科文组织的合作愈来愈成熟、全面，二者相互的合作不仅促进了双方间的发展，同时对于其他国家和地区来说也具有积极的促进作用。中国自改革开放以来，在自身实力不断增强的同时，充分发挥其联合国创始会员国的身份，开展与非洲国家和其他地区的合作交流，促进当地教育文化事业的发展，为联合国教科文组织进一步宣扬和深化其理念做出了重大贡献；美国作为世界上唯一的超级大国，全世界最发达的国家，其在联合国教科文组织中所发挥的作用和影响自然不言而喻。

---

① HaroldK, Jackson and Michel Oksenberg, "China's Participation in the IMP, the World Bank, and GATT: Toward a Global Economic Order." Ann Arbor: The University of Michigan Press, 1990, p. 107.

一、联合国教科文组织与中国的合作发展历程回顾

中国是联合国教科文组织的创始会员国之一，其于联合国教科文组织的发展历程大致遵循该组织发展的四个阶段。

（一）联合国教科文组织创始初期，即 1949 年以前，代表中国参加联合国教科文组织活动的为国民党政府。1945 年 11 月，中华民国派出以胡适教授为团长的代表团参加了于伦敦召开的筹备联合国教科文组织的大会。在大会上，胡适代表中华民国签署了联合国教科文组织组织法。1946 年 9 月，中国政府递交了对组织法的批准书，成为最早递交接受或批准文件的 20 个国家之一。1946 年 11－12 月，在赵元任领导下，中国代表团出席参加了第一届联合国教科文组织大会。此次大会上，陈源被选举为执行局委员；郭有守教授 1946－1948 年任联合国教科文组织第一任教育主任。1947 年 7 月 14－19日，在瑞士日内瓦举行了第 10 届国际公共教育大会，中华民国以钟到赞、胡适为代表参加此次大会。1947 年 8 月 28 日，中华民国政府成立了"联合国教科文组织中国委员会"，朱家骅、胡适、竺可桢、李书华等人担任委员会执行委员，并根据联合国教科文组织的业务分类设立了六个专门委员会，① 这一委员会几乎囊括了当时中国有名的科学家、教育家及学术界中的名流。1947 年 9 月 3－12 日，联合国教科文组织在中国南京召开了第一次"基本教育分地区研究会议。

（二）自联合国教科文组织创立初期至 20 世纪 70 年代相对平缓时期，国民政府代表"中国"一直参与联合国教科文组织的相关活动，在国际上占据"中国"所谓的"合法席位"。1946－1971 年，国民政府作为"中国"的代表参加联合国教科文组织举办的大会共

---

① 六个专门委员会分别为自然科学委员会、社会科学哲学及人文科学委员会、教育委员会、大众传播委员会、图书及博物院委员会、艺术及文学委员会。

16 届，参加特别会议一次，民国政府台湾/当局与联合国教科文组织的合作主要集中于教育方面，但也包括其他领域，如卡拉奇计划、亚洲教育计划及行政中心、资料交换、设置奖（助）金等活动。1949 年联合国教科文组织派遣加拿大电影艺术家诺尔曼·麦克拉伦前往中国，向农村教育工作者传授卡通片制作技术。①

据台湾"教育部"《民国八十年 – b》资料记载当时民国政府参与联合国教科文组织编纂书籍事件，"联教组织前于一九五零年举行第五届大会时，决议邀集各国专家编幕人类科学及文化史一书，共分六册，约三百万字，后成立一国际委员会，主持此事，并选定十人为编辑委员，及来自三十五国之通讯委员六十六人，其中无一我国人士。教育部得悉后，即电令驻联教组织代表团常任代表陈源，向联教组织执行委员会提出严重抗议。由部长程天放亲函编辑此项史籍国际委员会主席卡纳罗教授并据理力争，以中国历史之久，对世界文化贡献之大，任何人类史，中国必占重要之地位，中国之史学家必应参加执笔，今联教组织编纂人类科学及文化史，竟无中国学者参加，实不合理，请迅予补救联教组织人类科学及文化史国际委员会。经我国抗议后，遂开会议决，增聘编辑委员五人，我国学者亦为其中之一。"② 从此资料反映来看，当时民国政府/台湾当局在联合国教科文组织中的地位并不稳定，联合国教科文组织对就"台湾当局"还是新中国政府代表在该组织有合法席位的表态尚不明确，一直处于观望、不稳定状态。1956 年联合国教科文组织在印度新德里召开第 9 届大会，大会上通过了"东西方文化价值观互赏"的重大项目，但是当时代表中国的台湾当局却被排挤出此项目，苏

---

① 米歇尔·科尼尔·拉科斯特：《宏图大业——联合国教科文组织编年史（1946 – 1993）》，中国对外翻译出版社 1996 年版，第 34 页。

② 台湾"教育部"：《民国八十年 – b》，第 734 – 735 页。

联和东欧国家如南斯拉夫等国对这一排挤表示抗议。"由于某些会员国的顽固和私心，而忽视伟大的中国人民——他们占世界人口的五分之一，是一个年代悠久、丰富博大的文化的继承者。"关于中国合法席位的争论又一次出现高潮，从当时的东西方冷战对抗的背景来看，不难理解此次争论。1964年，法国与台湾当局断交，当时民国政府驻联合国教科文组织常任代表办事处成为中国在该组织的唯一合法席位。直到1970年联合国教科文组织大会第16届会议唱名表决关于"中国合法代表权"问题，总计59国对台湾当局持赞成票，39国反对，20国弃权，4国缺席，台湾当局仍然保持在联合国教科文组织中的合法席位，并承担会费3.75%，按照当时财政预算来看，即台湾当局每年向联合国教科文组织支付50余万美元。①

从这一阶段看出，双方处于在不摧毁双方关系的前提下，基本维持合作伙伴关系；而对于深入参与联合国教科文组织的相关事宜、台湾当局在联合国教科文组织的合法席位问题，蒋介石方面也处于无力状态，从其参与的前后16届大会及其他一些活动也可看出，主要目的还是为了维持在该组织的代表资格而已。

（三）20世纪70年代开始至20世纪90年代，这一时期是联合国教科文组织的政治化困境时期，同时也开启了新中国与联合国教科文组织的合作新章程。此时中国在1971年10月28日联合国教科文组织大会上恢复在联合国的合法席位，同时该组织否认了台湾当局的合法席位。12月8日，台湾当局驻联合国教科文组织的常驻代表姚淇清被撤回，自此，台湾当局与联合国教科文组织的所有活动彻底结束。台湾当局于1971年12月29日召开"联教组织中国委员会"第五届委员会临时全体会议，提议通过改组其为"中华民国国

---

① 教育部教育年鉴编纂委员会：《民国六十三年》，第1218-1219页。

际教科文学会"，以此进行台湾的科学、教育、文化等的联络活动。
中国恢复在联合国的合法席位与当时的冷战背景、东欧集团的合作
分不开。1972年，中国国务院教科文组织组长刘西尧曾代表中国政
府邀请 UNESCO 总干事勒内·马厄访华，此事大大开启了自中国恢
复合法席位以来，中国与 UNESCO 关系的深入发展；1972年10月
17日－11月8日，中国政府派遣代表团参加了 UNESCO 举办的第17
届大会，此事件标志着我国正式开始参加 UNESCO 举办的合作活动；
到1974年1月，我国政府正式派出了由驻法大使黄镇为首的在
UNESCO 的常驻代表团；时至1978年，我国正式设立了中华人民共
和国联合国教科文组织全国委员会，依照 UNESCO 组织法的相关条
款，协调中国与 UNESCO 的相关合作事宜及业务交流合作；从1978
年到1983年，我国教科组组长刘西尧和教育部部长何东昌先后与
UNESCO 签署了两个备忘录。这两个备忘录，事实证明是具有时代
意义的，不仅正式确认了我国与 UNESCO 合作的基本框架，同时也
规定了合作的具体内容。

　　我国与 UNESCO 合作的框架内容包括：（1）中国政府派代表和
专家参加 UNESCO 的各种会议，包括由 UNESCO 主办的各种地区性
会议；（2）UNESCO 对中国有关专家进行给予资助，帮助他们在其
他会员国国家进行的涉及科学、教育和文化方面的研究活动；（3）
中国与 UNESCO 达成合作，允许 UNESCO 在中国开办研讨会，探讨
关于科学、教育及文化领域的内容，并聘请其他会员国相关领域的
专家来中国参会；（4）UNESCO 在中国开设培训班；（5）UNESCO
资助中国人员赴其他会员国进修、学习；（6）中国向 UNESCO 其他
会员国开设奖学金，资助其他会员国人民来中国学习、进修；（7）
我国与 UNESCO 交换在科学、文化及教育领域的各种出版物，
UNESCO 发行中文版本的出版物。

　　朱小玉，曾任中国常驻联合国教科组织代表团的副代表，将 20 世纪 70 年代初至 90 年代末的 30 年分为三大阶段：第一阶段从 1971 年恢复合法席位开始至 1977 年，短短几年中国在联合国教科文组织中的活动主要集中于排除蒋方势力，开始向联合国教科文组织派出代表团（1972）和常驻代表团（1974），开始在中国国内建立相关的合作机构，联合国教科文组织在北京设立办事处，中国人当选为联合国教科文组织中相关机构的委员，中文作为联合国教科文组织的工作语言之一，同时伴随联合国教科文组织两次干事访华。而正如朱小玉所言，基于当时的国际背景，这一时期，中国主要在联合国教科文组织中参与了一些反霸权的政治斗争，而在科学、教育及文化等领域的合作尚未开展。第二阶段从 1980 年开始至 1990 年，双方的合作进一步密切。这一时期，中国开始改革开放的伟大政策，中国充分利用联合国教科文组织这一窗口，开始与外界沟通交流，积极参加联合国教科文组织举办的各种会议，参加该组织业务活动的相关项目、公约；同时，中国政府也积极地在国内建立适应联合国教科文组织合作的机构，如联合国教科文组织总干事阿马杜—马塔赫·姆博于 1978 年和 1983 年访华，先后与中国签署两个合作备忘录，1978 年 10 月 11 日国务院批准成立"中华人民共和国联合国教科文组织全国委员会"，成立"中国人和生物圈计划国家委员会"、"中国国际水文计划国家委员会"、"中国国际地质对比计划国家委员会"等机构，积极配合联合国教科文组织的各项活动。此时联合国教科文组织对于我国深入贯彻落实改革开放政策来说，提供了一个非常好的契机。第三阶段是 20 世纪的最后 10 年，中国与联合国教科文组织的合作沟通达到了一个新阶段。总的来说，联合国教科文组织与中国的合作处于积极的一面，但是也出现了因为政治因素的不和睦状态，该组织的一些行为伤害了中国政府及人民的感情。"我国与教科文组织合作进入了一个新阶段。这个新阶段的特点是教科文组织既有与我国积极合作的一面，又有屈服于国际政治压力、侵害我国的一面。当然，总的来说，20 世纪 90 年代以来，我国与教科文组织合作的一面占主导的地位，但其伤害我国的一面也是客观存在的。"在此阶段，除了我国充分利用联合国教科文组织深入国际社会发展自身以外，我国已开始通过该组织向世界其他国家和人民做出贡献。1993 年北京召开了"中国全民教育国家级大会"，为世界其他国家开展全民教育提供了一个榜样作用；中国政府宣布在 2000 年前实现"两基"教育，为世界教育做出贡献；同时，中国几位科学家获得了联合国教科文组织颁发的奖项；中国相关领导人和学者也相继参加了该组织开设的各类咨询会。但是，联合国教科文组织在人权问题、台湾问题、达赖、新闻出版自由等方面也做出了一些伤害中国人民情感的事情，这对于双方合作伙伴的深入发展来说是不利的。

（四）步入 21 世纪，中国与联合国教科文组织的合作上升到一个新阶段，合作也达到一个新层面。仅仅于 2000 年，中国与联合国教科文组织的合作项目总数就多达 270 多项。① 与联合国教科文组织的合作深化从以下几方面可看出：

1. 中国与联合国教科文组织合作承揽的世界级大会的数目和质量较之前来说有很大的提升。中国与该组织的合作最紧密的是在教育领域，几乎每一年都有一次世界级的教育大会在中国召开。2001年，北京举办第四次九个人口大国全民教育部长会议；2003 年，以"教育与可持续发展"为主题在北京举办首届可持续发展教育国际论坛；2005 年 11 月 28 日联合国教科文组织第五届全民教育高层会议

---

① 教育部：《中国教育年鉴》，2001 年版，第 295 页。

在北京召开……

2. 中国与联合国教科文组织的合作活动愈来愈倾向于外事活动，同时中国通过该组织开始树立自身的国际形象，提升在国际社会中的形象。中国在外事活动中重视程度加深，同时致力于中国特色走出去，积极向全世界推广中国文化。2005 年 9 月 28 日为中国古代圣人孔子诞辰 2556 周年，联合国教科文组织首次成为"中国曲阜国际孔子文化节"的主办方，向全球推出一系列祭孔活动。2007 年 4 月 16 - 20 日，中国政府在联合国教科文组织总部举办非物质文化遗产节。

3. 中国与联合国教科文组织的合作活动，不仅是适应该组织倡议的各种活动，而且中国政府也在积极推出属于自己特色的文化教育活动，打造本国教育品牌，实行中国教育品牌走出去。2005 年 9 月 29 日，联合国教科文组织第 172 届执行局会议决定，正式批准设立"国际孔子教育奖"，这是第一次以中国人的名字在联合国设立的奖项。① 自此，中国教育的魅力一直在国际社会中占据一定地位。

图 5.1　以关键节点来区分的中国和联合国教科文组织关系演进

资料来源：谢喆平：《中国与联合国教科文组织的关系演进——基于国际组织对成员国影响的实证研究》，2010 年 2 月，第 18 卷第 2 期。

---

① 联合国教科文组织"孔子教育奖"，旨在奖励在全民教育领域，特别是农村教育和妇女女童教育方面，取得突出成就的政府机构、非政府组织和具有杰出贡献的个人，每年产生两名获奖者，奖金 2 万美元。

二、联合国教科文组织与美国的合作发展历程回顾

联合国教科文组织自成立以来，至今已存在 70 多年的历史了，对世界文化和教育等事业做出了不可磨灭的贡献。联合国教科文组织发源于欧洲，最初来源与 1942 – 1945 年召开的盟国教育部长会议及 1945 年 11 月在伦敦召开的联合国教育和文化组织会议有关。美国作为该组织的创始成员国之一，一直以来对联合国教科文组织的机构设置和运行产生了重大的影响，其参与并加入该组织的过程也与联合国教科文组织自身创立发展的阶段大致相同。

（一）开始创立至创立初期：在二战的背景下，英国教育委员会主席巴特勒与欧洲八国教育部长就教育问题进行了一系列的会谈，最终促使了首届盟国教育部长会议的召开。1943 年起，美国一直以观察员身份参加会议，直到 1944 年 3 月，美国总统罗斯福正式批准美国加入盟国教育部长会议。1944 年 4 月 6 日，美国正式派出代表团参加盟国教育部长第九届会议，随之又获得了起草新组织草案的权利。1945 年 11 月 16 日，37 国签订了联合国家教育、科学与文化组织的《组织法》，并确定巴黎为该组织的总部。直至 1946 年 11 月 4 日，20 国批准生效最终协议，并于 1946 年 11 月 19 日至 12 月 10 日，新组织在巴黎召开第一届会议，联合国教科文组织成立。这一阶段，该组织从最初英国主导到易主美国，美国从最初以观察国身份参加会议直到主导新组织宪章草案的规划，意图利用该组织达到维护战后美国主导的国际秩序。

（二）1946 – 1969 年冷战时期美国的参与，这一阶段大致符合联合国教科文组织发展的相对平缓时期。1946 年，本顿在众议院做报告中谈到了美国政府最初对联合国教科文组织的政策导向：首先，教科文组织将致力于促进诸如广播、电影、新闻与出版物等大众传

媒方式的使用，以增进世界各民族间的相互理解与真正认知；其次，教科文组织将鼓励学校与其他教育机构帮助青少年与成人构建思想的"和平屏障"；最后，教科文组织将通过学者、科学家及其他知识分子的合作，促进知识共享，以便世界各民族能够共同朝向一种更好的生活奋斗。① 随着冷战愈演愈烈，此时美国的政策导向开始逐渐转向利用联合国教科文组织达到遏制苏联和东欧国家的目的。1947年12月9日，美国国家安全委员会出台NSC4-A号文件，决定对苏联和东欧集团采取隐蔽的心理战，之后这一文件进一步扩大到政治、经济等领域。对于教科文组织的政策态度，美国竭力在该组织内部建立一种反共共识。之后，美国的"文化帝国主义"遭到了该组织成员国不同程度的反对和抵制，美国开始感觉到联合国教科文组织在一定程度上有一种中立的倾向。1949年，时任参议员的本顿在名为《参议员本顿敦促教科文组织面对现实问题》的演说中表示："教科文组织必须结束自己的高傲冷漠，开始认识到它是一个'冷战中的政治工具'。该组织的某些目标应该与'美国政策保持一致'，且美国应该在教科文组织的支持与掩护下扩大其对组织项目的规划以赢得人类的思想和忠诚'。"② 之后，随着朝鲜战争的爆发，美国国务卿迪安·艾奇逊立即敦促教科文组织阐明共产主义的残酷"战争本性"，以及"世界已经被共产主义宣传所蒙蔽和歪曲的事实"。③ 1950年7月，美国要求联合国教科文组织召开一次执行局特别会议，商讨采取有效措施和适当的行动来处理朝鲜战争对世界和平的影响，

---

① Department of State Bulletin, Statement by assistant secretary Benton, "The Role of UNESCO in Our Foreign Policy", 21 April, 1946, pp. 628-629.

② Sewell, "UNESCO and World Politics", p. 140.

③ William Preston et al., "Hope & Folly: the United States and UNESCO", 1945-1985, p. 60.

并关切其他地区可能发生的战略行动。① 美国希望该组织能帮助美国在冷战中对抗朝鲜。之后美国所倡导的一系列政策，招致其他成员国的怀疑态度，认为美国建立并加入该组织的最初目的是为其政治利益服务，而不是非政治因素的国际组织。由于该组织很多成员国对美国的倡议产生强烈抗议，美国官员也逐渐怀疑联合国教科文组织是否事实上能为其国内利益及外交政策而服务，逐渐对该组织失去兴趣。正如 1951 年，一位美国驻教科文组织代表提醒他的国务院上司说："由于该组织已在它的一些最重要的欧洲当局与公众支持者那里丧失了可信度，因而我们应该降低该组织在美国政策重点中的优先地位。"② 同时，在这一时期，美国影响广大的麦卡锡主义也波及了联合国教科文组织。由麦卡锡领导的国内安全委员会小组经调查，认为联合国教科文组织是一个颠覆性的国际组织，其内部充斥着大量的共产主义分子。在麦卡锡主义的影响下，在联合国教科文组织中任职的美籍官员遭到了迫害，同时该组织也被美国民众不信任，大力削弱了该组织在美国的合法性。

总体来看，从创建联合国教科文组织初期到正式参与，美国对该组织抱有很大的"政治"期望，对其拥有很大的信心。然而，随着冷战的愈演愈烈，美国主导的一些遏制共产党的措施并未在该组织中顺利实行，未达到其最终的政治目的，美国逐渐对其失去兴趣，该组织也逐渐对美国失去信任，双方的分歧越来越明显。

从主导型来看，由于这一阶段苏联尚未正式加入联合国教科文组织，东欧集团在该组织中的力量弱小，同时美国自身实力强，因

---

① US National Commission for UNESCO, "Summary Minutes of the Fifteenth Meeting of the Executive Committee", Document XC（50）54, pp. 24 – 25.

② Letter to Charles A, Thomson from Arthur A. Compton, 9 February 1951, Records of the UNESCO Delegation1950 – 1954, Records of the Paris Embassy, France, FSP, RG 84, NA, S. E. Graham, p. 248.

此美国一直处于主导地位，占据优势。然而，由于联合国教科文组织设立之初具有开放性、包容性，因此，在美国的强势主导下，该组织并未沦为美国的对外政策工具。

自20世纪60年代苏联和更多东欧国家加入联合国教科文组织以来，美国的主导型和影响力逐渐降低，苏联和东欧国家开始大力抵抗美国的一些措施，肯尼迪总统上台后，开始对前任总统的政策进行调整，美国逐渐将联合国教科文组织视为一个纯技术性专门机构。

（三）1969－1984年，这一阶段大致分为两个时期。20世纪70年代，美国对待联合国教科文组织的基本态度为不参与、制裁。尼克松总统上台后，对该组织基本持冷漠、忽视的态度。1971年初，国务院根据尼克松的要求开始对美国参与教科文组织进行全面的调查。最初的评估报告草案反映了国务院官员对美国参与教科文组织的支持态度。然而，在这份报告的第二页，尼克松用手写上了："我想要的是一个当我们能逃离教科文组织时把握每一个机会削减这一组织的详细政策。准备一份为达成这个目标而制定的新计划。我和那些草拟这份报告的官员的不同在于他们相信这个组织，而我并非如此。"① 从批注中可见，尼克松总统对该组织持怀疑和消极态度，表达了对该组织的蔑视和冷漠情绪。随后，美国教科文组织的相关管理运营机制、工作人员开始缩减。福特总统上任后，采取较之尼克松更加强硬的姿态，逐渐形成一种"选择性不参与"的制裁策略。1974年联合国教科文组织第18次大会成为一个转折点。在会上，苏联继续要求一项挑战美国新闻自由原则的大众传媒宣言草案，而且阿拉伯国家也成功赢得了多数国家的支持并促使大会通过了驱逐以

---

① FRUS, 1969－1976, Vol. 5, United Nations, document 38, note 2, p. 6.

色列、谴责以色列考古活动与侵犯人权活动的决议。会议形成一股反美浪潮。美国联合西方国家对其进行谴责，同时采取选择性不参与策略，对该组织进行一定制裁。事实证明，美国的消极制裁对该组织造成了重大的影响，因此随后产生了一些有利于美国的进展。总体而言，这将近 10 年的时间成为美国的一个转折点，美国对该组织的控制力大大削弱，同时美国政府对该组织的好感态度也在下降。虽然在 70 年代末，卡特总统一度采取了较为缓和的态度，美国和联合国教科文组织之间的关系也在一定程度上缓和，但是并未从根本上扭转美国对该组织的态度。随后步入 80 年代，里根总统上任后，采取了更为强硬的态度。里根时期的官员一度抵制或否认那些美国认为不能有效推进其利益的国际组织，联合国教科文组织自然位列其中。大卫·斯托克曼曾以节省多边援助经费为由提出退出联合国教科文组织的建议，伴随着的是美国国内对联合国教科文组织的攻击。经过美国国内一系列的讨论协商和与联合国教科文组织沟通对话，最终于 1984 年 12 月 19 日，里根政府宣布退出联合国教科文组织。自此，美国政府与联合国教科文组织的合作历程正式结束。

第三节　联合国教科文组织与成员国家合作机制的评述及成因分析

　　联合国教科文组织自成立以来，已有 70 余年的历史，逐渐形成了一套完备的、与其他国家合作交流的沟通机制，并对成员国家乃至世界其他国家和地区产生了深远影响；同时，联合国教科文组织中，成员国的相关政策和行动也在影响着该组织的成长和发展。回顾 70 余年的历程，一些主要的成员国对于该组织的影响巨大，甚至有时左右该组织相关政策的运行，同时国家本身从中获益颇丰；而另外一些成员国的作用和影响力几乎可以被忽略，参与到合作项目中的形象微乎其微。为什么会造成这样悬殊的差距？这与成员国国家的综合国力和在世界政治经济中的地位有很大关系。更确切地说，国家的综合实力很大程度上影响这一个国家在世界舞台中扮演的角色和产生的作用；同时，联合国教科文组之作为一个开放的国际组织，自身的开放性、包容性和多样性也在进一步影响着与成员国的沟通合作。本章立足于中国和美国两个主要大国来探讨联合国教科文组织与成员国的沟通机制，在回顾了 70 来年合作发展的历程基础上，从国家关系的视角出发，探析成员国对联合国教科文组织的影响，评析双方合作的效果。

一、美国对联合国教科文组织政策的动机与成因分析

本章的第二节回顾了美国和联合国教科文组织合作发展的历程，在联合国教科文组织创建之初，美国对该组织的建立和发展起着主导作用。对于美国与联合国教科文组织之间的关系，西方学术界多从国家政治的角度来研究，特别集中于冷战时期美国将联合国教科文组织作为其对抗遏制苏联的一个工具，而中国学术界对美国和联合国教科文组织的关系研究相对较少。美国与联合国教科文组织的关系不是一成不变的。在马克·英伯（Mark Imber）看来，"在实践中，我们所看到的是，一方面，有些组织被强大的国家控制或者制约；另一方面，因为这些组织能够提供全球公共物品，国家有的时候不得不做出一些妥协。"[1] 这句话揭示了国家和国际组织在一定程度上存在着一种相互妥协的关系，但是作者并未明确说明国家在国

---

[1] Mark F. Imber, "The USA, ILO, UNESCO and IAEA: Politicization and Withdrawal in the Specialized Agencies", Macmilan Press, 1989, p.121.

际组织中发挥影响力的因素。中国学者刘铁娃在分析美国在国际组织中的影响力时，用三个专业术语进行表述，即"关键性的"、"实质性的"、"一般性的"。

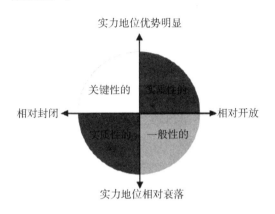

图5.2 霸权国在国际组织中的影响力分析框架

资料来源：刘铁娃：《霸权地位与制度开放性——解释美国对联合国教科文组织影响力的演变》，《国际论坛》，2012年11月，第11卷第6期

这三个术语很好地诠释了美国从联合国教科文组织成立之初至今为止整体影响力的发挥脉络。横轴表示国际组织的开放性，从左到右开放性程度越来越高；纵轴表示国家的实力地位，这里可看作为美国的实力地位，从下至上实力越来越强。本节通过梳理美国参与、主导、控制力下滑、退出和重新加入该组织的一系列行为，从国际关系视角，结合此理论来分析美国对联合国教科文组织政策背后的原因。

（一）美国开始融入并试图主导新组织：关于美国涉足联合国教科文组织，源于盟国教育部长的第七届会议，当时会上通过两项重要的建议，对之后美国渗透该组织有着重要的意义。第一，盟国部长会议应尽可能地邀请包括美国、苏联和中国等在内的盟国及联合国家成员参加；第二，建立一个常务委员会，协调盟国教育部长会议下设各委员会的活动，以便引导盟国教育部长会议逐步完成改革。盟国教育部长会议开始走向官方。而从美方来说，参与到盟国教育部长会议主要有两个关注点：第一，美国政府的基本目标是战后的教育和文化重建工作，而这将通过援助各类学校、提供专业教育人员培训、援助图书馆建设等方式展开；第二，美国政府实行这一目标的方式，是与盟国教育部长会议合作，寻求"沿用民主原则构建一个联合国教育与文化重建机构"。[①] 不难看出，在美国最初开始涉足与这一机构时，其目的和它的联合国政策是一脉相承的。美国想要通过盟国教育部长会议这一平台，使其战后在文教领域的活动对国际社会产生主导作用，那么首先美国需要加入该组织，参与该组织的活动，将其纳入到美国所设想的二战后的国际体系之中。1944年4月5日，盟国教育部长会议第9次会议召开。美国派出以富布莱特为首的代表团出席。此次会议后，美国实现了后来者居上，扭转了一度由英国操纵把持的局面。首先，富布莱特在会上提出创建战后从事文教重建工作的新组织的议题；其次，要求将三人委员会加入美国代表等的建议增加尽可能多的代表，从而削弱英国的力量。在新组织的构建工作下，美国获得了制定组织宪章的权利，富布莱特当选起草委员会主席，美国成功地将本国融入该组织中去，开始发挥重量级的作用。

美国从一开始以观察员身份参与该组织前身的相关活动到之后主动要求加入，有当时美国自身的实际考量。首先，盟国教育部长会议开始发生转变，逐渐向一个联合国机构靠拢，致使美国开始产生兴趣；其次，当时盟国教育部长会议的一些会员国强烈要求美国

---

① The Secretary of State to the Ambassador in the United Kingdom (Winant), March 21, 1944, FRUS, 1944, Vol. 1, General, p. 968.

直接参与到该组织的活动中，美国自身对该组织的相关活动也在施加着越来越大的影响。除此之外，美国加入联合国教科文组织，归根结底还是要服务于自身的利益，满足自身发展的需要。当时国务卿赫尔曾说："美国将与在教育与文化重建中进行合作直到这一领域出现一个联合国组织为止；且应与各国遵遁民主原则寻求建立一个联合国机构的最佳方式。"① 从中可以看出，美国最开始参与并加入该组织的动机是想在该组织的基础上，扩大美国的影响力和势力范围，使其成为一个美国主导的、服务于美国国家利益的国际性机构。

（二）美国对新组织政策的调整：美国对新组织的政策调整以1944年下半年为界。美国在对新组织成立指出的构想和草案拟定中，一直将其定位为从事战后文教，特别是在教育领域的重建组织，并将其命名为"联合国教育和文化重建组织"，倡导各国注重在教育领域重建工作的合作；自1944年下半年开始，美国政府开始调整这一政策，将重点从战后的教育重建援助工作转向更注重国家间的思想交流与文化合作，同时将该组织定义为一个永久性的国际组织。从依照本国意愿订立章程、规定相关政策等行为可以看出，在这一时期，美国对联合国教科文组织的影响力是关键性的。美国对于该组织的决策程序发挥着决定性的作用，并且该组织也能按照美国的意愿顺利发展。美国在很多重大问题上得到足够的支持，使得其推行的相关政策和措施可以很好地实施。

为什么美国有实力做出这么大的政策调整？为什么美国可以在这一时期对联合国教科文组织发挥关键性的影响力？总的来说，美国的优势地位决定了其无可厚非的实力。从1945年至20世纪60年代中叶，美国在世界舞台上始终占据优势地位。刘铁娃教授谈到现

---

① Foreign Relations of the United States（hereinafter cited as FRUS），1943，Vol. 1，General，Washington，D. C.：U. S. Government Printing Office，p. 1155.

实主义的实力政治理论时，对美国能够在战后对国际组织发挥关键性的影响力给出解释。① 第一，国际制度是在霸权国的优越实力地位基础上产生的。二战后，美国迅速赶超英国，成长为一个大国；欧洲局势上，由于遭受到二战的强烈创伤，英国、法国等欧洲强国走向衰落，英国已无力领导世界。新兴大国的崛起必然会挑战现存的世界秩序，力图改变现存的世界格局。原有的国际组织的相关章程、规则必然会根据新兴霸权国的意愿做出一定的调整；同时，要建立一个新的国际组织，霸权国的制度和规章必然会干扰到新国际组织的建立。第二，大国必须不断地向国际竞争的成功者学习，以便在国际社会中更好地生存，因此大国之间在许多方面会表现得越来越相似。这同样适用于美国。美国从一个实力较弱的国家成长为世界上的大国，必然借鉴了英法等欧洲老牌资本主义强国的成功经验。美国国内很多民主制度、党派建设等治国理念，在一定程度上效仿了英国的民主制度。体现在国际组织中，美国主导的相关政策也会在一定程度上符合英法等欧洲成员国家的利益，因此在联合国教科文组织中通过这些规章制度时，相对比较顺利。第三，霸权国通过提供不可或缺的资金、技术以及人力资源，可以影响国际组织的运作和决策过程。美国拥有丰厚的资金、先进的技术，对刚刚起步的联合国教科文组织来说，这些都是不可或缺的，也是迫切需要的。因此，美国通过提供资金和技术支持，可以影响到联合国教科文组织的运作和相关政策的决策。在 1945－1954 年间，美国为联合国教科文组织提供超过 30% 的预算资金。第四，霸权国可以运用经济资源来获得其他国家的支持。美国这种实力雄厚的大国，必然会从经济上吸引其他成员国，通过给予其他成员国经济援助，从而获得其

---

① 刘铁娃：《霸权地位与制度开放性——解释美国对联合国教科文组织影响力的演变》，《国际论坛》，2012 年 11 月，第 11 卷第 6 期。

他国家的支持。

这还要基于当时的国际大背景。1944 年下半年，二战即将进入尾声。此时，美国的首要任务是建议一个以美国主导的新的世界秩序，战后文化援助还是其次。作为国际社会中首屈一指的超级大国，布雷顿森林体系、旧金山会议等将美国牢牢固定在世界政治经济的主导地位，然而，世界文化体系尚未形成。成为世界政治、经济及文化思想领域的领头人和世界秩序的维护者，必然要求美国做出这样的政策调整，美国力求将联合国教科文组织纳入其所建立的国际秩序中。

（三）美国对联合国教科文组织影响力的下降：这一时期可以分为两个阶段。从 1954 年到 1965 年，美国对联合国教科文组织的影响力衰弱，从施加"关键性的"作用转变为发挥"实质性的"影响力；从 1965 年开始至 1984 年美国退出联合国教科文组织，美国的影响力下滑到"一般性的"。

在第一个时期，第三世界的国家和东欧集团纷纷要求加入联合国教科文组织，苏联也开始转变对联合国教科文组织的态度，申请加入。从美国带头反对保加利亚和罗马尼亚加入联合国教科文组织的例子，就可看出美国在这一时期已经无法根据自身实力发挥决定性的影响力。美国只能团结其他欧洲国家，对保加利亚加入该组织提出强烈抗议。最终，保加利亚被要求推迟加入。从中可见，美国在运用实力影响联合国教科文组织的决策时发挥实质性的作用，优势地位已不复存在。

到第二时期，美苏争霸愈演愈烈，苏联开始在军事水平上与美国持平，同时，欧洲和日本也从二战的创伤之中恢复过来，发展迅猛，美国的优势地位开始变得不再明显，霸权的维持经历了一个困难时期。从 20 世纪 60 年代末期开始，美国从积极参与、主导地位开始转向消极对待，甚至制裁。其原因如下：第一，自二战结束以来，第三世界的许多国家相继走上了摆脱殖民统治的道路，第三世界要求民主自由的呼声越来越高。在这些国家逐渐摆脱了殖民统治之后，它们在联合国中要求自身发展的意愿也就越来越强，对联合国教科文组织的要求也越来越高，联合国教科文组织的相关政策和活动也深受这些国家的影响。第二，在 1974 年，联合国的成员国数量已由 37 个增至 136 个，开始转变为一个开放性的国际组织。斯蒂芬·克拉斯纳（Stephen Krasner）曾指出，美国的实力衰落得越严重，第三世界国家就越容易成功；国际组织越开放，第三世界国家就越容易成功；第三世界越是团结一致，第三世界国家就越容易成功。① 联合国教科文组织的成员国由最初的欧美国家为主开始倾斜到亚洲和非洲国家，多为发展中国家和苏联集团。第三世界的国家数量在上升，由于联合国的投票机制采用一国一票制，因此美国的影响力大大削弱。在这样的情况下，美国主导或提出的相关政策及活动无法顺利实施，甚至遭到许多国家的反对。第三世界国家曾经多为美国、英国等资本主义国家的殖民地，深受其害，美国必然无法团结这些国家来实现自己的目标。同时，联合国教科文组织出台的相关政策和活动也越来越偏离美国最初的目的，美国深感自己的国家利益无法得到最大的满足。例如，中国恢复在联合国的合法席位是被第三世界国家朋友"抬"进去的，美国无力阻止；阿拉伯集团在该组织中掀起反以色列的热潮，作为以色列最坚定的盟友，反以热潮直接导致美国对联合国教科文组织态度的恶化。第三，美国对外政策一直深受"现实主义"的影响，更加注重国家利益的实现和维持与世界上一些主要权利国家的关系，而此时联合国

---

① Stephen D. Krasner, "Structural Conflict: The Third World Against Global Liberalism", Berkeley: University of California Press, 1985.

教科文组织相关的文化教育活动尚未达到国家利益的核心。在这样的情况下，美国政府自然对该组织失去兴趣。而之后该组织中一些成员国掀起的反美浪潮，更加迫使美国采取一些制裁措施加以应对。

在此阶段，美国对联合国教科文组织的影响力已经明显下滑，已经无力再实施决定性的作用。基于这样的背景，美国的影响力从尽可能地团结"朋友"来支持本国的政策走向履行正式成员国享有的法定权利，其影响力变为"一般性的"，这也为之后美国做出退出联合国教科文组织的决定奠定基调。

（四）美国退出联合国教科文组织：由于联合国教科文组织的相关活动无法触及美国的核心利益，相反却增加了美国的"烦恼"，如美国每年向联合国教科文组织缴纳巨额的会费却得不到经济好处；第三世界国家和东欧集团国家对美国的抵制，在决策上通过一些对美国不利的政策；等等。20 世纪 80 年代，美国总统换届，里根当选总统。里根总统是一位具有现实主义外交思维的总统，对外一直奉行强硬的外交政策。里根总统上台后，仅两周后就做出退出联合国教科文组织的决定。事实上，美国退出该组织并未对美国产生重大的影响。相应的，美国不用再支付巨额的会费。80 年代，美国与苏联的冷战矛盾加深，美苏掀起又一轮军备竞赛。里根总统提出"星球计划"，庞大的军费开支、与苏争霸处于劣势迫使美国无暇顾及其他利益，国家利益摆在首位。因此，在 1984 年底，里根政府正式结束了美国在联合国教科文组织中的成员国身份。

（五）美国重新加入联合国教科文组织：2003 年，美国在间隔 20 多年后重新做出加入联合国教科文组织的决定，并不是说这一时期美国已经接受其因为实力衰落和世界格局变化的事实。相反，美国重新加入之后，仍旧发挥实质性的作用。作为世界上唯一的超级大国，美国的立场和决策在一定程度上对联合国教科文组织的运作和决策产生重大的影响；然而，另一方面，美国的国家实力已经无法恢复到二战后初期的程度，不是说其绝对实力衰落，而是相对实力。首先，对于联合国教科文组织在前总干事松浦晃一郎的改革，美国认为，该组织的改革方向正确，例如裁员、减少部门等；其次，到21世纪，联合国教科文组织在世界上的影响力已经大大增加，特别是在教育、人权和世界遗产等方面，而这些方面也是美国所关切的部分，是民主国家追求的目标；再次，联合国教科文组织在教育、人权等领域取得了突出的成果，而这些领域也是美国国内一直努力改革发展的地方。美国在全球范围致力于实行"文化霸权"的战略，输出其文化和民主价值观是美国维持霸权地位的一个重要战略，这自然要与联合国教科文组织产生一些合作。虽然，美国因其组织改革和自身实力的变化再次回到联合国教科文组织，对决策的相关内容产生重大的影响，例如制定《文化多样性公约》时，许多原则都与美国的观念和利益一致，美国对该公约的决策过程仍保持实质性的影响力，但是还有一些与美国利益向左的原则，美国发现自身已经无法再控制谈判进程。

二、中国对联合国教科文组织产生的影响和作用分析

（一）中国恢复在联合国合法席位的考量

在1971年10月恢复合法席位前，中华人民共和国还是一个被排除在世界事务之外的国家。这种孤立局面是在美国的胁迫下，发达的民主国家对我国进行孤立遏制的结果。[①] 因此，为正式恢复在联

---

① 伊莉莎白·埃克诺米，米歇尔·奥克森伯格主编：《中国参与世界》，新华出版社2001年版，第3页。

合国的合法席位，融入国际社会之中，中国政府一直在积极地做出努力。但是，中国努力恢复在联合国的合法席位，除了政府的一直努力外，还有其他的考量。首先，中华人民共和国成立以后，作为一个主权国家，在联合国中，台湾一直占据中国政府的合法席位，中国政府一直致力于作为主权国家恢复在联合国的合法席位；其次，在当时的国际背景之下，中国与苏联关系破裂，面对苏联的武力威胁，中国政府需要在国际社会中得到支持；再次，与苏联关系破裂后，加上美国在与苏联的冷战中处于劣势，美国正在积极调整战略，开始缓和与中国的关系；最后，在摆脱帝国主义和殖民主义的统治后，第三世界的国家纷纷获得独立，开始在国际社会中发挥影响力。面对上述考量，中国政府将联合国教科文组织作为中国对外交流与合作的窗口。

从国家层面和国际关系的角度来看，中国努力恢复联合国的合法席位，是中国外交的需要，也是国家战略的需要——维护中国的国家主权。正如上述的几点考量中，在当时的国际背景之下，美苏两大超级大国为了争霸，发动东西方阵营对立的冷战。中国作为社会主义国家，自然归入东方阵营，与美国为首的西方资本主义国家是对立的；苏联由于其自身争霸，越来越多干预中国的国家主权，中国领导人不堪忍受苏联的霸权主义，与苏联的关系慢慢破裂，中国在国际社会中没有了苏联的支持和帮助。中国政府只有依靠自身，努力融入国际社会，与更多的国家和地区接触，因此需要一个走向世界的窗口。联合国教科文组织就是中国对外的窗口之一。中国在联合国教科文组织中，维持与其他国家的外交关系，在国际舞台上也在不断地发挥自身的力量，展示自身的形象。

联合国教科文组织是一个开放的国际组织，其投票机制和成员国数量的变化都反映出了该组织门槛相对较低，不像其他一些国际组织有严格的限制条件，如 G8 和国际货币基金组织等；同时，成员国采用一国一票的原则，更有利于保护第三世界国家和一些实力相对较弱的国家。联合国教科文组织的开放性对于美国在不同时期施加的影响力带来了诸多影响；同时，世界局势的瞬息万变，美国自身实力的衰落，欧洲、日本的快速恢复，再加上中国、俄罗斯等国的崛起，都影响了美国在该组织发挥作用。此后，美国对联合国教科文组织的影响力发挥程度将走向何方？我们还需将目光放长远一些，联合国教科文组织和美国的关系，不会存在一成不变的霸权主导，也不会完全没有大国干涉的制度。

（二）联合国教科文组织对中国的影响

前文已经说明，联合国教科文组织是一个世界上影响力非常之大的智力合作组织，其计划和组织的相关教育、科学及文化方面的活动对世界影响深远。自中国 1971 年恢复联合国合法席位以来，联合国教科文组织对中国的影响涉及许多方面，其中相关的一些资料、理念和政策，对中国来说影响很大。

1978 年中国科学院需要制定科学发展规划，由于当时资料少、时间紧，如果从周边各国搜集资料则需要较长时间，而且不一定能搜集到。后来利用了联合国教科文组织和其他国际组织的资料，在较短时间内完成了中国科学发展规划。[①] 从中可见，在新中国早期的国家科学发展规划中，联合国教科文组织的资料给予了很大的帮助。教育是中国最早参与联合国教科文组织的工作领域，也是双方合作最多的领域。中国在联合国教科文组织的学习之路从未停歇，很多政策和资料不仅是在理论上接受、吸收，中国还将

---

① 贾学谦：《在邓小平理论指引下前进———庆祝联合国教科文组织成立 60 周年》，第 62 页。

其逐步上升为国家的政策，将其纳入到教育政策中，最终演变为中国的基本国策。

《庄子·养生主》中曾提到："吾生也有涯，而知也无涯"。从中包涵"终生学习"的大智慧。而后，西方社会出现"学习型社会"的概念，是 1968 年由罗伯特·赫钦斯（Robert Hutchins）的《学习化社会》和 1974 年托尔斯滕·胡森（Torsten Husen）的《学习化社会》发展而来的。然而，在当时的国内和国际社会中，不管是《庄子》的"终生学习"的思想还是西方大师的"学习型社会"，都未能形成一个整体系统的思想体系。因此，在世界范围的影响力极其有限。联合国教科文组织对国际社会做出的最伟大的贡献之一就是"终身学习"的提出和推广，其意在让社会中的每一个成员，在适应社会的发展和满足个人发展的需要中，接受贯穿于人的一生的、持续的学习过程。联合国教科文组织教育部门的成员对这一概念做出了解释；其教育部长保罗·朗格兰德在 1965 年应邀在联合国教科文组织的大会上发表了影响力深远的讲话。朗格兰德的理论和联合国教科文组织的体制相结合，使"终身学习"的概念从 20 世纪 60 年代中期以来在全世界范围内得到推广和接受，中国也从中受益。"中国政府在正式文件中第一次提到终身教育概念的是 1993 年公布的《中国教育改革和发展纲要》。随后，1995 年全国人大通过的《中华人民共和国教育法》才正式提到要建立终身教育体系，并且两处提到终身教育。"[1] 1993 年中共中央国务院印发的《中国教育改革和发展纲要》第一次正式提出"终身教育"概念，指出"成人教育是传统学校向终身学校发展的一种新型教育制度"。1995 年，全国人大通过的《中华人民共和国教育法》明确规定："推进教育改革，

---

[1]　顾明远口述，李敏谊整理：《顾明远教育口述史》，北京师范大学出版社 2007 年版，第 63 页。

促进各级各类教育协调发展，建立和发展终身教育体系。"1998年，教育部在《面向21世纪教育振兴行动计划》中规定："要瞄准国家创新体系的目标，培养造就一批高水平的具有创新能力的人才……到2010年基本建立起终身学习体系，为国家知识创新体系以及现代化建设提供充足的人才支持和知识贡献。"1999年江泽民在第三次全国教育工作会议上指出"终身学习是当今社会发展的必然趋势。要逐步建立和完善有利于终身学习的教育制度"。2002年，江泽民在中共十六大上所做的《全面建设小康社会，开创中国特色社会主义事业新局面》报告中提出建立"终身学习的学习型社会"。1983年，朗格朗在为《终身教育引论》中文版专门题写的序言中曾经指出："在社会建设已经完成并将继续完成重大变革的人民中国，对终身教育观点及其所含的改革内容表现出明显的关注是很有意义的。"而中国在"终身教育"的影响下，教育领域不断发展。

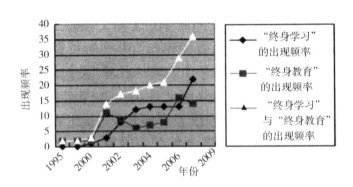

图5.3　"终身学习"与"终身教育"概念在中国的国家政策中出现频率的变化（1995—2009）

资料来源：《人民日报》数据库。

总之，不仅是教育领域，还有科技、文化等其他领域的合作，中国对终身学习和终身教育思想的学习乃至运用，对联合国教科文组织推出的相关政策和计划积极响应，不仅反映了中国与联合国教科文组织关系的演进历程，也开创了将国际组织的观念与思想引入中国国家政策的新途径。可见联合国教科文组织对中国的影响深远。

国家的发展进程决定了国际组织对国家的影响程度。若中国尚未恢复在联合国的合法席位，那么联合国教科文组织的相关政策和活动是无法影响到中国的；若中国在联合国教科文组织中采取一种旁观或冷漠的态度，那么联合国教科文组织的政策也无法在中国施加如此大的影响。从中国与联合国教科文组织多年的合作历程可见，双方在很多领域及政策制定和实施过程中，认知一致，立场一致；同时，合作双方若有任何一方未能积极行动，双方的合作结果也是无法达成的。双方在自愿、互利的基础上，合作是相互的。

（三）中国对联合国教科文组织的影响

回顾双方的合作历程，中国在联合国教科文组织的合作中一直保持着主动地位。中国有充分的自由去选择适合中国发展的合作项目和政策，并将其按照中国国情加以改造，从而变成中国的政策。自 1971 年 10 月至今，在这 40 年的合作中，中国与联合国教科文组织的合作大致是理念一致、立场一致的合作。然而，合作的过程中，也出现了很多分歧、争论。中国不仅从联合国教科文组织中汲取适合国情发展的政策和理念，同时中国对联合国教科文组织的影响也是多方面的。二者的合作是相互影响、相互交织的。

中国的加入，改变了联合国教科文组织的语言体系，中国加深了在联合国教科文组织中的话语权。在联合国教科文组织的众多会员国中，只有中国使用中文。① 相比于其他工作语言，如英文、法文来说，中文的使用范围很小。然而，语言背后是文化。文化包含着方方面面的问题。中文在成员国中使用范围非常小，但是其背后的文化与成员国中很多亚洲国家有着很多融合的地方，他们分享共同的文化价值观和文化传统，这就为中文找到了一个认同基础。从国际关系的视角来看，20 世纪 90 年代初美国国际关系学者约瑟夫·奈将国家力量区分为硬实力和软实力，硬实力是由传统意义上的军事实力、经济实力等有形的可对比的实力构成的，而软实力则是影响他国意愿的能力和无形的权力资源。从中可见，国际合作是在一国的国家综合实力上进行的。中国与联合国教科文组织的合作，语言仅仅是一个表面问题，其反映出的是中国作为一个主权国家的话语权。在教育合作领域，中国不断学习和引进联合国教科文组织相关的教育理念和政策，并加以改造发展，逐渐与其形成一种具有共识的话语体系，可以相互理解、相互吸收、相互包容。这才是双方合作的基础。

正如上文所述，合作不是一个单方面输入的过程，还是一个输出的过程。中国在积极引进这些先进的理念的同时，也在自身国情的基础上加以改造，甚至创造。还以教育领域的合作来说，中国在引入了"终身学习"的概念后，也向联合国教科文组织输出了很多先进的教育理念，特别是九年义务教育、扫除青壮年文盲教育等。这些理念得到了联合国教科文组织的认同和赞赏，中国也在积极为世界教育事业做出巨大的贡献。中国在教育领域不再是一味地"拿来主义"，而是自身越来越多参与到其中并做出贡献，自身的话语权和影响力自然在不断地发展和扩大。步入 21 世纪，随着中国的综合

---

① 联合国教科文组织大会的 6 种工作语言为阿拉伯文、中文、英文、法文、俄文和西班牙文。《大会议事规则》第 50 条。

实力不断加深，不仅是在教育领域，在其他领域的合作中也可见中国的话语权地位在上升。

　　在未来，中国在联合国教科文组织的地位前景将取决于中国的综合国力。只有中国自身发展好，在国际社会和国际组织中的话语权才有保证，向外输出自身的文化和价值观才能更加顺畅，中国施加对外的影响力才能有更大的空间、得到更大的发展。

第六章

与国际组织、非政府组织的沟通机制

第一节　国际组织与教科文组织的合作机制
——以联合国为例

一、国际组织

（一）国际组织的诞生

国际关系的行为体分为民族国家行为体和非国家行为体，而国际组织是最早形成的和最主要的非国家行为体。① 随着信息技术的迅猛发展和全球化趋势的推进，国际组织快速扩张，它们不仅数量上数以万计，而且覆盖广泛，包括政治、经济、社会、文化、体育、卫生、教育、环境、安全、贫穷、人口、妇女儿童等众多人类生存和发展相关的领域，已成为左右世界局势和人类社会发展的重要力

---

① 李少年：《国际政治学概论》，上海人民出版社2002年版，第103页。

量。而国际组织的诞生与成长也正是因为有关国家发现它们需要国际组织，并需要国际组织有效地运转着。

国际组织是为了适应国家之间交往日益频繁，交往的领域和地区不断扩大而产生和发展起来的。19世纪最早在欧洲出现了如莱茵河、易北河等国际河流委员会。19世纪后半期，科学技术和交通工具的进步使国际交往逐步扩大到社会生活的许多领域，在通信、公共卫生和经济贸易等方面，出现了"国际行政联盟"的组织形式，如国际电信联盟（1865）、万国邮政联盟（1875）等。这种以专门业务和行政性的国际合作为目的的组织，成为现代国际组织的雏形。

进入20世纪后，出现了以政治和国际安全为中心的综合性国际组织，其中有全球性的如国际联盟和联合国，也有地区性的如阿拉伯国家联盟、非洲国家统一组织等；还成立了各种专门业务性的国际合作机构，如联合国专门机构。

（二）国际组织的概念

《国际关系政治词典》将国际组织释为"超越国家边界的正式安排，通过这种安排建立起制度化的机构，促进了成员间在安全、经济、社会或相关领域的合作"。[1]《外交与国际法词典》则将国际组织"简化"地概括为，"根据《维也纳条约法公约》第二款的规定，国际组织是'一种政府间组织'"。这两本词典上的定义代表了西方国际组织主流学派对国际组织定义上的分歧，但是同时也凸显出了西方主流学派中现象主义定义这一意识，即从国际组织外在结构、组织实体与模式过程等现象进行的描述。[2]

---

[1]　Lawrence Ziring. International Relations, A Political Dictionary（5th ed）, Oxford, UK: Abeclzo. Inc. , 1995.

[2]　于永达编著：《国际组织》（第2版），清华大学出版社2011年版，第4页。

（三）国际组织的特征

第二次世界大战后，国际交往越来越频繁，国家间的相互依赖日益加深，这为国际组织的发展带来了新的变化，体现出当代国际组织的主要特征：

1. 组织机构趋于完善

19 世纪的国际行政联盟，是由常设机构国际事务局负责日常工作，成员国代表会议只是在若干年内讨论一次有关条约规定的国际合作，并不负责实际工作；当代国际组织一般在常设秘书处之上设置大会、理事会这种实质性的权力机构，享有决策权。

2. 组织规模庞大

19 世纪的国际组织，其成员国基本上是欧美少数发达国家。当代国际组织如联合国，几乎包括了世界所有国家，各种专门组织绝大多数都拥有 100 多个成员国。

3. 形成国际组织网络

联合国与 18 个专门性的政府间机构建立了密切的、非隶属的关系，其中 16 个被称为联合国专门机构。联合国还给予 1/6 的非政府国际组织以协商地位，并有 12% 的非政府国际组织与欧洲共同体有密切关系。这样，许多国际组织在业务与信息方面已有机地联合在一起，形成以联合国为中心的国际组织网络。

二、历史回顾

联合国是第二次世界大战后成立的国际组织，是一个由主权国家组成的国际组织。1945 年 10 月 24 日，在美国旧金山签订生效的《联合国宪章》，标志着联合国正式成立。联合国致力于促进各国在国际法、国际安全、经济发展、社会进步、人权及实现世界和平方面的合作。联合国现在共有 193 个成员国，总部设立在美国纽约。

中国是联合国创始成员国之一。

联合国是一个在集体安全原则的基础上，维持国际和平与安全职能非常广泛的政治性组织，是目前世界上由各主权国家组成的具有非营利性、普遍性和影响最大的政府间国际组织，是全球治理的领导力量。[①] 作为当今世界上影响最为深远的国际组织之一，在维护世界和平，缓和国际紧张局势，解决地区矛盾方面，在协调国际经济关系，促进世界各国经济、科学、文化的合作与交流方面，都发挥着相当积极的作用。

（一）联合国的创建

联合国是第二次世界大战的产物，是世界各国人民避免战争，维护世界和平的体现。第二次世界大战期间，历经战争浩劫的世界人民，鉴于战争的惨痛教训，寄希望于建立一个国际性组织，以维护世界的持久和平。由此，一些主要的反法西斯国家开始酝酿建立一个全球性的国际组织。

1941 年，澳大利亚、加拿大、新西兰、南非联邦和英国的代表，比利时、捷克斯洛伐克、希腊、卢森堡、荷兰、挪威、波兰和南斯拉夫各国流亡政府的代表，以及法国戴高乐将军的代表，在伦敦圣詹姆斯宫签署了《同盟国宣言》（*Inter – Allied Declaration*），宣言称：各签约国承认"持久和平的唯一真正基础是，各国自由的人民志愿在一个已经摆脱侵略，人人享有经济与社会安全的世界中进行合作"。

两个月后，美英首脑签署《大西洋宪章》（*Atlantic Charter*），提出"广泛而永久的普遍安全体系"的设想。1942 年 1 月，美、英、苏、中等 26 国发表《联合国家宣言》 （*Declaration by United Na-*

---

① 于永达编著：《国际组织》（第 2 版），清华大学出版社 2011 年版，第 163 页。

tions)，"联合国"这一名称是由美国总统富兰克林·D. 罗斯福设想出来的，该名称于1942年1月1日发布《联合国家宣言》时首次使用。

1943年10月30日，上述四国代表签发《莫斯科普遍安全宣言》(*Moscow Declaration on General Security*)，主张尽早建立一个普遍性的国际组织。着手创建联合国的一个关键性步骤，是1944年夏秋之交四国代表提出的《关于建立普遍性国际组织的建议案》(*Proposal for the Establishment of a General International Organization*)，又称《敦巴顿橡树园建议案》(*the Dumbarton Oaks Proposals*)，就未来国际组织的目的、原则、结构和职能达成协议，基本上描绘出拟议中的联合国蓝图。

1945年4月25日，现代国际关系史上的一项伟大工程，缔造人类最具雄心的国际组织会议——"联合国家国际组织会议"（United Nations Conference on International Organization）在旧金山召开。6月25日，50个国家的283位代表一致通过《联合国宪章》(*the Charter of the United Nations*)，经各国批准后，宪章于1945年10月24日开始生效，联合国正式生效。

联合国的创立开创了国际组织发展的新阶段。自1945年成立以后，联合国作为当今世界最大的一般性普遍国际组织，在维持国际和平与安全、发展国家间友好关系、推动国际合作方面取得了巨大的成就。

（二）联合国教科文组织的创建与发展历程

联合国教育、科学及文化组织（United Nations Educational, Scientific and Cultural Organization）（简称 UNESCO，联合国教科文组织）是联合国系统中最大的专门机构，也是各国政府商讨教育、科学和文化事务的平台，它还被誉为"思想实验室"和"联合国的精神中心"。尽管在 60 多年的历程中，教科文组织遭遇了"冷战"和财政紧缩的困难，也曾受到"官僚主义"和"管理不力"等批评与指责，但它在联合国及其成员国中还是建立了不容置疑的地位，对人类文化、教育和科学事业产生了重要影响，做出了不可磨灭的贡献。

1942 年，第二次世界大战还在进行，同盟国已经开始在思考战后国际秩序的建设。传统教育无法对抗意识形态的极端化，殖民问题和遍及全球的不公平问题迟迟得不到解决，社会公益服务被漫长的经济衰退和财政混乱所摧毁（Jones，2005：45）建设未来世界秩序要求教育和文化成为文明的力量。

在这一信念的指导下，1942 年 11 月 16 日，英国学校理事会主席理查德·巴特勒（Richard Butler）召集了在伦敦的法国、波兰、捷克、荷兰、挪威、希腊、比利时和南斯拉夫等国的流亡政府教育部长与负责人举行会议。这一会议后来逐渐成为战时各国政府间多边合作的范例，也吸引了越来越多的国家加入。这个每年召开的国际会议也定名为"盟国教育部长会议"（Conference of Allied Ministers of Education，简称 CAME）

1945 年 11 月 1 – 16 日，战争刚刚结束，根据盟国教育部长会议的提议，在伦敦举行了旨在成立一个教育及文化组织的联合国会议（ECO/CONF）。约 40 个国家的代表出席了这次会议。在饱经战争苦难的两个国家——法国和联合王国的推动下，会议代表决定成立一个以建立真正和平文化为宗旨的组织。按照他们的设想，这个新的组织应建立"人类智力上和道义上的团结"，从而防止爆发新的世界大战。会议结束时，37 个国家签署了《组织法》，联合国教育、科学及文化组织（UNESCO）从此诞生。

到 1946 年 11 月 4 日，《联合国教科文组织组织法》已经获得了联合国和 20 个国家的政府和议会的正式批准。同年 11 月 9 日至 12 月 10 日，联合国教科文组织在巴黎召开了第一次大会，有 30 多个国家的代表参加。中国政府派出了以赵元任为团长的代表团参加巴黎大会。联合国教科文组织首届大会首先在巴黎大学礼堂举行开幕仪式和为期三天的全体大会，其间选举了联合国教科文组织理事会，做出了设立若干专门委员会的决定。

建立在"战争起源于人之思想，故务必需（须）在人的思想中筑起保卫和平的屏障"这一共识基础上的联合国教科文组织自第二次世界大战期间创立之始也经历了 60 余年的风雨，同联合国一起，在国际合作、安全与和平发展等方面做出了巨大的贡献，亦对各国政府与其他国际组织、非政府组织影响深远。而当今世界，温室效应、贫富差距与社会不公、针对女性的社会歧视、人口激增问题凸显，教科文组织亦面对着更多新的机遇与挑战，而国际组织、作为新生力量出现的非政府组织与各国政府的合作依旧是应对新型挑战过程中不可或缺的力量。

2011 年 11 月 23 日，联合国教科文组织正式接纳巴勒斯坦成为第 195 个成员国。北京时间 2013 年 11 月 5 日 22 时 30 分，中国教育部副部长、中国联合国教科文组织全国委员会主任郝平作为大会唯一候选人正式当选联合国教科文组织第 37 届大会主席，任期两年。这是联合国教科文组织成立 68 年来，中国代表首次当选"掌门人"。

（三）联合国与联合国教科文组织的关系

联合国与联合国教科文组织之间是互为表里、相互合作的关系。作为二战后创立的国际组织，联合国将其教育、科技、文化等领域的发展目标下放给联合国教科文组织，联合国教科文组织可以说是联合国体系中不可或缺的重要组成部分之一，同联合国一样对世界事务有着深远的影响。

联合国教科文组织在同联合国合作的同时，亦受到来自联合国的制约。联合国教科文组织的财政预算是由联合国教科文组织大会批准实施，其经费收入分为两个部分：其一为正常预算，其二为"预算外经费"。"正常预算"的总量由教科文组织提出，由联合国总部决定，然后由各会员国根据其人口规模和人均财产进行分摊。而预算外经费主要来自五个渠道：一是联合国开发计划署等联合国其他组织的拨款；二是世界银行等国际银行的拨款；三是各国政府的捐款和信托基金；四是欧洲联盟的捐款；五是私人与基金组织的捐款。

表6.1 联合国教科文组织双年度常规与预算外项目经费

单位：百万美元

年度	正常预算经费	预算外项目经费	总经费
1982 – 1983	417.3	199.5	616.8
1984 – 1985	374.9	178.2	553.1
1986 – 1987	328.2	144.5	472.7
1988 – 1989	350.8	155.5	506.3
1990 – 1991	379.7	167.7	547.4
1992 – 1993	446.7	167.2	613.9
1994 – 1995	458.4	175.3	633.7
1996 – 1997	518.4	161.2	679.6
1998 – 1999	544.4	271.9	816.3
2004 – 2005	610.0	243.5	853.5

资料来源：转引自（1）Jones（2005）. The United Nations and Education. 70；
（2）UNESCO（2004）. Approved Programme and Budget 2004 – 2005. 20 – 24；
（3）UNESCO（2007）. Division of Cooperation with Extra Budgetary Funding Source.

三、联合国相关下属机构在教育领域与教科文组织的合作

联合国教科文组织最成功的经验，便是将教育领域的资金投入

同经济与社会发展紧紧地联系在了一起，以及同各大国际组织、金融机构、非政府组织之间的广泛合作。教科文组织从成立之初便在努力推进教育的全民化，并逐步消除文盲。它不断宣传称，教育领域的投资是一种经济上的投资，以便吸引更多的国际组织与金融机构投资于教科文组织。早在1949年，第二任教科文总干事博德教授就曾为其发动的"扫盲运动"同联合国和其他组织建立了广泛而深刻的国际合作关系。

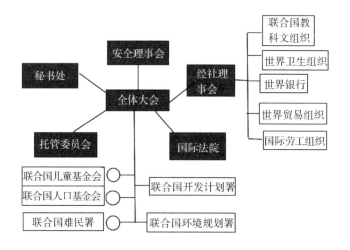

图6.1 联合国系统中支持教育发展的重要组织

资料来源：笔者根据联合国有关资料绘制。

在教育领域，国际教育组织能够按照其功能定位大体分为"非专门性国际教育组织"和"专门性国际教育组织"两个大类，而我们还可以将之进一步细分。[1] 这里所提及的专门性国际教育组织，主要是由政府教育官员、教育学者、大学和中小学教育工作者组成，

---

[1] 张民选：《国际组织与教育发展》，上海教育出版社2012年版，第56页。

为教育事业服务，具有特定教育功能的国际组织。比如由 600 多位各国大学校长组成的"国际大学校长协会"，便是专门性国际教育组织中的一员。① 为了避免混淆，本章将专门性国际教育组织略称为"国际教育组织"，以显示他们与国际政治组织以及国际经济组织等其他专门性组织的区别。

同非专门性国际教育组织一样，国际教育组织也可以按照组织的成员构成和基本功能细分为若干个次类。张民选发现，国际教育组织至少可以分为七个次类。它们分别是"综合性教育组织"、"信息交流类组织"、"学术研究类组织"、"人员交流类组织"、"财技援助类组织"、"权益保障类组织" 和 "质量保障类组织"。②

（一）综合性或多功能的非专门性国际教育组织

在"非专门性国际教育组织"这一大类中，我们依据其成员构成与基本功能，可以将之再进一步细分出至少五个次类，而第一个次类便是"综合性或多功能的非专门性国际教育组织"。

1. 联合国开发计划署

联合国开发计划署（The United Nations Development Programme，简称 UNDP）是世界上最大的负责进行技术援助的多边机构。它是联合国的一个下属机构，总部位于纽约。联合国开发计划署的工作是为发展中国家提供技术上的建议、培训人才并提供设备，特别是为最不发达国家进行帮助。致力于推动人类的可持续发展，协助各国提高适应能力，帮助人们创造更美好的生活。

以联合国开发计划署为例，联合国开发计划署在联合国大会和联合国经济与社会理事会的领导下，主要负责支持各成员国的各种社会经济发展项目，大到扶贫、卫生、教育，小到修路、造桥、建

---

① 张民选：《国际组织与教育发展》，上海教育出版社，第 60、62 页。
② 张民选：《国际组织与教育发展》，上海教育出版社，第 60 页。

房;从环境保护、发展农村经济,到保护文化遗产、行政能力建设。而教育便是联合国开发计划署扶持资助的众多领域中的一个重要领域。而且所有的教育援助项目都与经济或社会发展的重要目标有关。

表6.2 1974年联合国开发计划署的支持项目与资金援助

领域	项目数	项目资金(亿美元)	所占比例(%)
工业	1840	3.471	16
交通通信	745	2.499	11
经济与社会规划	1014	2.514	11
教育	531	1.750	8
科学技术	472	1.309	6
自然资源	290	1.266	6
卫生健康	534	1.376	6
其他	998	1.793	8
合计	6424	15.978	72

资料来源:转引自 Jones (2005) . The United Nations and Education. p. 201.

2. 联合国儿童基金会(UNICEF)

联合国儿童基金会(United Nations International Children's Emergency Fund,简称 UNICEF),原名"联合国国际儿童紧急救助基金会",于1946年12月11日创建,最初目的是满足第二次世界大战之后欧洲与中国儿童的紧急需求。1950年起,它的工作扩展到满足全球所有发展中国家儿童和母亲的长期需求。

联合国儿童基金会(UNICEF)与联合国开发计划署同样,也是一个促进教育发展的多功能国际组织。该基金会支持各国的教育发展,特别是发展中国家的教育发展。它主要对基础教育、学前教育、特殊教育、女童教育和教师教育等领域施行财政援助和技术援助。①
但是，对于教育事业的支持和资助也只是联合国儿童基金会全部使
命中的一个方面而已。

（二）经济援助性组织

教育是一个需要大量资金的领域，因此需要大型的经济类国际
组织的资金扶持。非专门性国际教育组织其下的第二个次类便是
"经济援助性组织"，如世界银行以及亚洲开发银行（Asian Develop-
ment Bank）和非洲开发银行（African Development Bank）等各大洲
的开发银行。② "经济援助性组织"本质上多为国际政府间经济组
织，它们的主要功能在于通过国际合作与政府间的合作，为有需要
的国家，特别是经济发展较为不完善的发展中国家和遭受战争或自
然灾害打击的国家，提供赠款与低息贷款等经济支持。

1. 世界银行

据联合国教科文组织报告，许多国际组织为各国教育发展提供
了大量捐款和物资援助。除了无偿的教育援助基金，一些国际金融
组织还提供教育贷款。到1971年，联合国开发计划署和世界银行共
提供教育贷款4.2亿美元。泛美开发银行提供了1.56亿美元的教育
贷款，而亚洲开发银行、非洲开发银行和欧洲共同体在20世纪60
年代中期到70年代前期都曾拨出巨额资金和贷款，支援发展中国家
教育发展。

而在众多国际组织中，世界银行显然是世界上最大的"国外"
教育资金提供者。世界银行报告说，在1963年至今的40多年中，
一共提供了390亿美元的教育贷款和赠款。近几年来，世界银行进
一步增大了在教育领域的资金投入，投入的资金从2000年的7.28

---

① 张民选：《国际组织与教育发展》，上海教育出版社2010年版，第57页。
② 同上。

亿美元增加到 2005 年的 19.51 亿美元。①

表 6.3　世界银行 2000—2005 财政年度分地区教育贷款投入②

单位：百万美元

年份 地区	2000	2001	2002	2003	2004	2005
非洲	190	210	473	424	363	369
亚太地区	84	15	135	226	119	228
东欧中亚	23	63	83	395	164	264
拉美地区	63	529	560	785	218	680
北非、中东地区	197	72	38	154	155	124
南部非洲	171	206	96	365	666	286
总金额	728	1095	1385	2349	1685	1951

从表 6.3 可以看出，世界银行在教育领域的贷款主要投向饱受战争、自然灾害的国家与地区，主要集中于非洲、亚洲和拉美等地区的发展中国家及欠发展国家。而近十年来，世界银行的资金流向上出现了一些变化，从过去集中于非洲、亚洲和拉美地区渐渐转向到东亚地区和中亚地区。接受世界银行发放的教育贷款最多的地区仍是拉丁美洲和加勒比地区，达到 6.8 亿美元。

自世界银行创立，长时间以来，世界银行一直将资金重点投入在基础教育领域，并为各地区发展中国家的全民教育提供助力。2004 年，世界银行在基础教育领域共投入资金 8.33 亿美元，占当年总投入 16.84 亿美元的 49.47%。

随着知识经济和"终身学习"概念的出现，世界银行也增加了在高等教育领域的投入，2005 年，世界银行对各地区高等教育的投

---

① 张民选：《国际组织与教育发展》，上海教育出版社 2010 年版，第 71 页。
② 张民选：《国际组织与教育发展》，上海教育出版社 2010 年版，第 72 页。

入达到 3.61 亿美元，占当年教育投入预算的 18.5%（World Bank，2005）。

表 6.4 世界银行 2000 - 2005 财政年度分领域教育贷款投入①

单位：百万美元

分支领域 \\ 年分	2000	2001	2002	2003	2004	2005
成人教育	6	56	18	4	11	5
普通教育	216	435	422	639	355	506
学前教育	13	32	32	102	25	88
初等教育	362	315	406	780	883	565
中等教育	22	124	133	285	250	376
高等教育	98	41	268	524	62	361
职业教育	11	91	85	15	98	50
总金额	728	1094	1364	2349	1684	1951

2. 亚洲开发银行

亚洲开发银行（简称"亚行"，Asian Development Bank，ADB）是一个致力于促进亚洲及太平洋地区发展中成员经济和社会发展的区域性政府间金融开发机构。自 1999 年以来，亚行特别强调扶贫为其首要战略目标。它不是联合国下属机构，但它是联合国亚洲及太平洋经济社会委员会（联合国亚太经社会）赞助建立的机构，同联合国及其区域和专门机构有密切的联系。

作为亚洲及太平洋地区影响力最大的地区性银行，同世界银行一样，亚洲开发银行亦为世界中教育欠发达地区提供低息教育贷款等多种形式的经济支持。在过去的 40 年间，亚洲开发银行在教育领

---

① 张民选：《国际组织与教育发展》，上海教育出版社 2010 年版，第 73 页。

域向各发展中国家投入了82亿美元贷款以实现发展中国家的全民教育目标。

亚洲开发银行提供教育贷款，主要目标为以下几点：

（1）提高升学率（通路）

（2）提高教育质量（质量与中肯）

（3）解决教育不公（公平与包容）

（4）降低费用（经济与效率）

亚洲开发银行支持尼泊尔、巴基斯坦和乌兹别克斯坦等国基础教育的权力下放，并帮助推进了印度尼西亚、斯里兰卡和越南中学教育现代化进程。亚行还主持了老挝人民民主共和国的高等教育项目与南太平洋国家的远程教育，并且帮助孟加拉国建立了开放大学体系。

（三）其他国际慈善性组织

第三个次类被称为"国际慈善性组织"，他们多为国际上的非政府组织，还有一些二战后成立的国际基金会。在联合国教科文组织的名录中，有27个基金会为教科文组织和各国提供教育资金援助。一些国际性的非政府基金会可以被视为"经济援助性组织"，而这些基金会往往也会同时注册在"国际慈善性组织"名下。

数量众多的国际慈善组织大多最开始往往都是由某个企业家或慈善家个人建立的地方性慈善机构。随着更多志愿者的参加与该慈善机构影响力的增大，一些慈善组织的活动范围也会随之扩张，从地方到全国，从全国到国际，如此一步一步发展成为国际慈善组织。有的组织也会扩展该组织的资助领域，比如从某一具体领域，如保健，扩展到扶贫、教育等各个领域。

在美国发起的卡内基基金会（Carnegie Foundation）、洛克菲勒基金会（Rockfeller Foundation）、福特基金会（Ford Foundation）、凯尔国际（Care International）等都是如此一步一步发展，逐步成为世界上影响力颇大的国际慈善组织。其中，成立最早的国际慈善组织是 1905 年由美国律师保罗·哈里斯（Paul P. Harris）发起创建的扶轮社。1921 年，该组织由于其愈发强烈的国际性，更名为"国际扶轮社"。

1. 卡内基基金会

卡耐基基金会成立于 1911 年，在纽约注册。其创始人是安德鲁·卡耐基，宗旨是"增进和传播知识，并促进美国与曾经是英联邦海外成员的某些国家之间的了解"。2000 年资产 14 亿美元。在成立基金会前，卡耐基作为个人已有多项捐赠，最著名的是建立公共图书馆，20 年中，共捐款建立了 2000 座图书馆。其名下的基金会和非营利机构除卡耐基基金会外，还有卡耐基学会、卡耐基理工学院、苏格兰大学卡耐基信托基金、卡耐基华盛顿研究所、卡耐基英雄基金、卡耐基促进教学基金会、卡耐基国际和平基金会。

在漫长的岁月中，基金会在不断研究新形势中提出新的工作重点。20 世纪 60 年代之前，贯穿始终的是教育，60 年代至 80 年代倾向于平等和改良。80 年代以后的几大目标是：避免核战争，改善美苏关系；教育全体美国人，特别是青年，以适应一个以科技为基础的社会；防治各种对儿童和青少年的伤害，包括吸毒、酗酒和少女怀孕等社会问题；在第三世界培训和开发人力资源。

2. 洛克菲勒基金会

洛克菲勒基金会最初设立于 1904 年，当时叫作公共教育基金。该组织成立于 1910 年，通过长期的经营和洛克菲勒大量钱财的投入，它终于力促纽约立法机关于 1913 年 5 月 14 日对其颁发了特许令。后来，于 1928 年与劳拉·培尔曼·洛克菲勒纪念基金合并，再加上老洛克菲勒新的捐赠，到 1951 年资金达到 3 亿多美元，2000 年超过 33 亿美元。创办资金是 1 亿美元，小约翰·戴维森·洛克菲勒担任第一代会长，现在由家族第五代成员主持。

该慈善组织一如既往地坚持最初的捐赠传统，关注点始终是教育、健康、民权、城市和农村的扶贫。其捐赠时间跨度之长、规模之大和成就之广泛和显著，可以当之无愧执美国乃至全世界慈善事业之牛耳。

第二节　非政府组织与教科文组织的合作机制
——以国际图书馆协会联合会 IFLA 为例

一、非政府组织与国际合作

当今世界，全球化盛行。在全球化这一大背景下，国际非政府组织（International Non – Governmental Organizations，INGOs）亦在迅猛发展，渐渐地已成为与国际组织并行，共同推动世界发展进程的重要力量之一。国际非政府组织的发展，特别是在近二三十年间，其迅猛程度已成为在外交与国际关系领域里极其令人侧目并为之惊叹的世界现象。

据国际社团联合会统计，1981 年国际非政府组织的数量是13309 个，1991 年为 23635 个，而到了 2001 年，其数量已经达到了47098 个。[①] 这些近年数量呈几何级数增长的国际非政府组织的存在，在参与世界事务方面，有着不可或缺且无法替代的影响力。面对着困扰当今世界的各类全球性问题，例如全球变暖、人口问题、

① Helmut Anheier and Nuno Themudo，"Organizational Forms of Global Civil Society：Implications of Going Global"，in Marlies Glasius，Mary Kaldor and Helmut Anheier，eds，Global Civil Society 2001，New York：Oxford University Press，2002，p. 195.

社会不公等，国际非政府组织的活动范围进一步扩大，跨越妇女、人权、环境等社会发展领域，几乎涵盖了公众生活的方方面面。虽然尚未具备完全的国际法主体资格，但国际非政府组织对多边国际会议的广泛参与已逐渐成为国际关系领域中的一种被普遍公认的制度化安排。①

　　作为快速兴起的非政府组织之一，国际图书馆协会联合会（简称"国际图联"，International Federation of Library Associations and Institutions，IFLA）成立于1927年，是联合各国图书馆协会、学会共同组成的一个机构，是世界图书馆界最具权威、最有影响的非政府专业性国际组织，也是联合国教科文组织"A级"顾问机构，国际科学联合会理事会准会员，世界知识产权组织观察员，协会总部设在荷兰海牙。截至1995年，共有138个国家和地区的1381个协会、机构和个人参加了国际图联。根据其官网2016年7月29日的最新统计，共有近140个国家和地区的1300多个协会、机构和个人参加了国际图联。

二、历史回顾

（一）合作关系的起始与合作关系的建立（1947年以前）

　　国际图书馆协会联合会与教科文组织合作关系的起始可以追溯至1922年。当年，联合国教科文组织的前身——国际联盟合作委员会成立。由于人员及资源的缺乏，该组织当时在世界上影响力还尚未羽翼丰满，但是它成立了书目委员会，并且每年在巴黎总部召开馆长年会，其间组织开展了一系列具有重大影响的项目，如索引书目、书目信息国际编目等。同时开展的馆员培训、公共图书馆发展、

---

　　① 陈宝文：《国际非政府组织与国际关系》，大连海事出版社2016年版，第1页。

馆际互借国际准则制定、呈脚本制度立法等工作，为以后与图书馆界的合作奠定了专业基础。

1946年，联合国教科文组织正式成立，总部设在法国巴黎，宗旨是促进教育、科学及文化方面的国际合作，以利于各国人民之间的相互了解，维护世界和平。

1927年，国际图书馆协会联合会正式成立，是联合各国图书馆协会、学会共同组成的一个机构，旨在促进世界各国图书馆之间的交流与协作，推进国际图书馆事业的发展。成立初期，由于该组织规模尚小，影响不大，有人将其称为"馆长俱乐部"，尚未真正在国际图书馆事务上发挥应有的作用。

二战期间，国际图联的一切事务因蔓延欧洲的战事而被迫中止，一直到1947年，国际图书馆协会联合会举行了二战后的首次理事会。会上，其主席威尔海姆·蒙地（Wilhelm Munthe）提出签订"国际图联与联合国教科文组织的相互承认协议"，并得到了教科文组织的认可，两个协会之间正式建立合作关系。在协议中，双方承诺相互接受对方的原则互相咨询，实现信息交换与共享。教科文组织承诺为国际图联的项目实施以及会议、特定任务、文献出版等提供经费支持。

（二）密切合作时期（1947年至20世纪60年代末）

这一时期为两个组织的密切合作时期，联合国教科文组织在资金、政策、人员等方面给予了国际图联全方位的支持。在1947年签订的合约中，联合国教科文组织约定在以下五方面对国际图联进行援助与支持。

1. 身份认可

联合国教科文组织认可国际图书馆协会联合会作为国际图书馆界的最高组织。国际图联作为一个刚刚起步的国际非政府组织。教科文组织对其作为国际图书馆界最高组织的身份认可无疑给了它一个具有竞争力和可持续发展的国际身份，并在图书馆界里占有了极具优势的地位。

2. 顾问地位

联合国教科文组织授予国际图书馆协会联合会咨询顾问的身份，承诺向国际图联咨询所有相关的政策问题。1961 年，自国际图联被划分为 A 级顾问机构起，该组织一直保持着这种顾问身份，中间只有一次被迫中断。那一次被迫中断发生在 1972 年，国际图联同其他40 多个非政府组织试图抗衡种族分裂团体，却遗憾败北，从而被迫终止顾问身份 6 个月，以示惩戒。

3. 直接补助

教科文组织以补助金的形式为国际图联的出版物及日常管理费用提供资金支持。1949 年教科文组织为国际图联发放的第一笔补助资金为 1500 瑞士法郎，其后额度迅速增长，1972 年教科文组织对国际图联的资金援助达到了 30000 美元。

4. 间接资助

教科文组织对国际图联的各类研究调研项目提供资金资助。来自教科文组织的经济援助对国际图联作为新兴国际非政府组织的整体发展与项目的有效推进起到了不可或缺的作用。

5. 管理与指导

在合作早期，两者的合作主要为教科文组织引导着尚且处于年幼期的国际图联，并且帮助其完善了管理办法和管理制度。1948 年，爱德华 J. 卡特（Edward J. Carter）观察到了国际图联早期低效混乱的管理办法，起草国际图书馆协会联合会通信事务的管理办法，对其管理制度中不合理的内容进行改革。此次改革对国际图联的影响颇深，直至今天。

（三）松散合作时期（20 世纪 70 年代至今）

20 世纪 70 年代，UNESCO 的图书情报部门经历了深化改革的时期，与 IFLA 直接对口的机构频繁变动，这一时期与图书馆事业及国际图书馆协会联合会最为密切相关的两个项目分别为综合情报计划（GIP）和全民信息计划（IFAP）

从 20 世纪 90 年代开始，教科文组织与国际图联之间联合签署了一系列文件，如 1994 年签署的《公共图书馆宣言》（*Public Library Manifesto*），1999 年签署的《学校图书馆宣言》（*School Library Manifesto*），2009 年签署的《多元文化图书馆宣言》（*IFLA Multicultural Library Manifesto*），这些文件由国际图联起草，在联合国教科文组织全体会议上获准通过，并通过教科文组织的影响力，在世界范围内得到传播和推广，对世界各地图书馆事业的发展起到了重要的指导作用。

这一阶段两者关系的显著特点是虽有合作，但多流于形式，并不紧密，只是相对松散地结合在一起。另外，国际图联在接受教科文组织的帮助与指导的同时，也积极为教科文组织提供咨询决策，献言献策，发挥着重要作用。鉴于其 A 级顾问的身份，国际图联派观察团参加全民信息计划的理事会会议，为全民信息计划提供图书情报专业知识的指导。两个协会还合作处理世界信息社会峰会之后的各项工作事宜，特别是日内瓦行动计划中与国际图书情报事业相关的事宜。①

---

① 张丹：《IFLA 与联合国教科文组织的合作历程及影响》，《新世纪图书馆》2015 年第 6 期，第 65 页。

第三节　影响评价

一、对联合国与教科文组织合作的影响评价

（一）20 世纪 80 年代遭遇财政危机

在 1974 - 1985 年间，联合国教科文组织尚未脱离 "冷战" 的阴云笼罩，继而又遭遇了一系列在财政与组织方面的重大危机。当时，马厄总干事身体状况欠佳，并且面临任期已满即将辞职的情况。然而在新一任总干事来自塞内加尔的姆博先生（Amadou - Mahtar M' Bow）上台之际，教科文组织就面临着因中东石油战争带来的全球性经济危机和随之而来的财政紧缩。

在如此不乐观的经济形势下，由于发展中国家要求建立 "世界经济新秩序" 而建立起 "77 国集团"（Group of 77，简称 G77），并在大会上严正抗议以色列对巴勒斯坦和阿拉伯等国的攻击，以美国为首的西方国家对此反应激烈，在教科文组织大会上威胁说要 "削减财政援助"。紧接着，情况进一步恶化，美国以教科文组织权力高度集中、管理效率低下为由，于 1984 年带头退出教科文组织，英国与新加坡也追随美国的步伐，分别于 1984 年和 1985 年退出教科文组织。这三个国家的突然退出，让教科文组织措手不及，使其收入锐减 31%，陷入严重的财政危机。[1]

---

① 张民选：《国际组织与教育发展》，上海教育出版社 2010 年版，第 87 页。

（二）主观评价

回顾历史，联合国与教科文组织的合作从总体上来说还是较为理想的。几代教科文组织的总干事坚持强调国际多边合作，并身体力行，积极推进与联合国以及从属于联合国的机构，联合国开发计划署、世界银行、联合国儿童基金会等组织的合作关系，成为这些组织的理事会成员的同时，接纳这些机构的代表成为教科文组织及其下属机构的一员，建立了健康并良好的合作伙伴关系。

唯一的问题是联合国教科文组织在财政方面略显弱势，较为容易由于世界经济形势的剧变陷入不利局面。笔者在前文也提到，联合国教科文组织的经费收入分为"正常预算"与"预算外经费"两大部分。而正常预算的总量是由教科文组织提出，由联合国总部决定，然后由各会员国根据其人口规模和人均财产进行分摊。这个预算的总量是远远无法满足教科文组织在教育、科技、文化等领域的开支与需求的。在 2004 - 2005 年，联合国提供给教科文组织的总预算也只有 8.53 亿美元，然而教科文组织却要面对世界上 9.48 亿成人文盲和 1.3 亿失学儿童，并向他们进行经济援助，以完善各成员国的基础设施建设。[①] 有学者称，教科文组织的正常预算经费还不如发达国家一所中等规模大学的经费。[②]（Jolis，1993：46）

20 世纪 80 年代的财政危机的爆发便是由于其成员国拒绝上缴费用，并退出组织，再加上全球性经济危机的影响。在笔者看来，教科文组织的资金来源过于依赖各成员国的财政援助，因而在极端的经济状况下，极易暴露出其组织结构上的重大弱点。虽然在 20 世纪 80 年代遭遇经济危机后，20 世纪末教科文组织的财政情况在不断改

---

① 张民选：《国际组织与教育发展》，上海教育出版社 2010 年版，第 95 页。

② Jolis, C. (1993), "Researching the missing millions", UNESCO Courier, Vol. 46, No. 11, p. 46.

善，收入在不断增加，然而，潜于资金来源问题上的这一不知何时就会爆炸的炸弹却尚未得到妥善解决。

二、国际图书馆协会联合会与联合国教科文组织合作的影响评价

（一）为国际图书馆协会联合会的迅速发展做出了巨大的贡献

自 1947 年同教科文组织建立合作关系初期的羽翼未丰，到今天国际图书馆协会联合会作为公认的图书馆界权威，它在教科文组织的帮助与支持下从艰难起步的非政府组织渐渐发展为一个成熟并具有极大影响力的专业性国际组织。到今天，联合国教科文组织与国际图书馆协会联合会共同经历了风风雨雨，走过了 69 年的合作历程，教科文组织在补助金、合同项目、会议赞助、出版赞助等方面，为国际图联的迅速发展壮大做出了重要的贡献，为其今后的良好发展奠定了坚实的基础。

近年来，教科文组织对国际图联的直接支持在慢慢减少，这也意味着国际图联作为一个成熟且独立的专业性国际组织出现在世界面前，积极参加世界事务，把握住话语权，以其日渐增长的影响力影响着这个世界发展的进程。正如某些学者称，国际图联之所以能够作为一个独立的专业性组织诞生于世，离不开国际图联创立初期联合国教科文组织在资金、人员和政策等方面全方位的支持。

（二）促进了国际图书馆协会联合会与其他国际组织的交流合作

除了国际图书馆协会联合会以外，联合国教科文组织还同其他许多非政府组织建立了密切合作关系，例如国际文献联合会（The International Federation for Documentation，FID）、国际音乐图书馆联盟（the International Association of Music Libraries，IAML）、国际档案委员会（the International Council on Archives）等一系列在信息情报领域与图书馆领域的专业性国际非政府组织。同教科文组织建立合

作关系，也意味着得到了同这些组织合作共事，并借此拓展自身业务范围，提高影响力的途径与难得的机遇。

同时，联合国教科文组织也鼓励并欢迎国际图书馆协会联合会同这些协会之间的交流与合作，以积极推进国际图书馆协会联合会等非政府组织与国际标准化组织（the International Organization for Standardization，ISO）之间的合作。

（三）推进了发展中国家图书馆建设事业的发展

联合国教科文组织在图书情报领域的首要的长期目标就是要辅助发展中国家建立起信息服务的基本设施，并且帮助这些国家加入地区或国际的信息系统。联合国教科文组织高度重视并优先考虑发展中国家图书馆事业，例如在非洲、亚洲、拉丁美洲、阿拉伯地区、加勒比海地区的发展中国家举办图书馆研修班并派遣专业馆员作为发展中国家的指导顾问，帮助这些地区建立起图书馆专业学校。

国际图书馆协会联合会作为世界图书馆界最具权威、最有影响的非政府的专业性国际组织，同时作为联合国教科文组织"A级"顾问机构，国际科学联合会理事会准会员，世界知识产权组织观察员，根据其官网2016年7月29日的最新统计，共有近140个国家和地区的1300多个协会、机构和个人参加了国际图联。教科文组织亦可以利用国际图书馆协会联合会作为图书馆界的最高权威的影响力，以及专业领域的知识与资金支持，辅助教科文组织在图书情报领域的长期目标的实现。

（四）建立了互利共赢的新型合作关系

两大组织之间关系几经变迁，主要是受到了两方面因素的作用。一是联合国教科文组织下属的相关机构的工作重心的转移，经历了以图书馆为中心到以文献信息为中心，再到以知识社会为中心的几次范式转变。随着教科文组织对信息情报领域的重视，教科文组织在国际图联中的主导地位逐渐减弱，相对地为国际图联作为独立的专业性国际组织的长足发展提供了机遇与挑战。①

二是国际图书馆协会联合会自身的发展壮大，为了进一步的发展，国际图联寻求更广泛的支持与合作，这也就使得教科文组织的作用相对减弱。然而随着新的信息环境的发展，教科文组织渐渐认识到传统的信息技术中心论存在的问题，逐渐将工作重心向信息环境，信息伦理和信息教育等领域扩展。图书馆在这一领域将大有可为，两者有可能迎来新的合作机遇，再次建立互赢而又卓有成效的新合作关系。

---

① 张丹：《IFLA 与联合国教科文组织的合作历程及影响》，《新世纪图书馆》2015年第 6 期，第 66 页。

第七章

信息传播机制——媒体传播

联合国教科文组织作为联合国下设的国际组织，引领世界各国在教育、科技、文化和传播领域的发展。媒体作为最重要的信息传播通道和信息交流平台，对发挥联合国教科文组织应有的社会影响力，达成组织机构本身的行动目的，实现其所倡导的宗旨具有重要意义。通过研究联合国教科文组织在运行层面的媒体传播方式和传播策略，从中梳理出媒体传播活动的脉络，进而得出联合国教科文组织进行媒体传播的可取和不足之处，以期能够完善联合国教科文组织的信息传播机制，通过媒体建立起联合国教科文组织与公众的紧密联系。

第一节　媒体传播的重要性

一、公共领域与公共关系

"公共领域"的概念由美籍德裔犹太血统的政治哲学家汉娜·阿伦特首先提出。阿伦特说的公共领域是指作为行动实现的场所，是人们平等对话、参与行动的政治空间。之后，德国著名社会学家尤里根·哈贝马斯又提出资产阶级公共领域的概念。所谓公共领域，首先意指我们的社会生活中的一个领域，某种接近于公众舆论的东西能够在其中形成。当公民们以不受限制的方式进行协商时，他们作为一个公共团体行事。也就是说，对于涉及公众利益的事务有聚会、结社的自由和发表意见的自由。在一个大型公共团体中，这种交流需要特殊的手段来传递信息并影响信息接收者。今天，报纸、杂志、广播和电视就是公共领域的媒介。公共性是公共领域的核心因素。而大众传媒的发展，使公共领域的基本机构发生了变化，大众传媒影响了公共领域的结构，同时又统领了公共领域。[①] 哈贝马斯认为在公共领域中，媒体要搭建一个平台，政府、媒体、公众得以相互沟通、理解、合作、制衡，以期公共事务能够得到充分的讨论和恰当的解决，构建和谐的公共空间。

"传播"一词的英文 communication，源于拉丁文 communi，意指建立共同性。组织机构的信息传播是指建立起组织与公众的联系，而这种联系通过组织与公众的互动和关联模式展现出来。[②] 传统上来讲，组织需要运用公共关系策略来解决问题，同时推进与公众的关系。虽然这种关系弱于朋友及家人间的关系纽带，但是对于组织与公众双方而言却有很大的益处。通过建立这种联系，组织机构为自身目的的实现以及公众参与的完成创造了基本条件。[③] 公共关系是一

---

① 安东尼·吉登斯：《社会学》，北京大学出版社 2003 年版，第 15 页。

② Broom, G. M., Casey, S., & Ritchey, J, Toward a concept and theory of organiza-
tion‐public relationships, *Journal of Public Relations Research*, Vol. 9, No. 2,
1997, pp. 83–98.

③ Grunig, J. E., & Dozier, D. M, *Excellent public relations and effective organizations:
a study of communication management in three countries*, Mahwah, NJ: Routledge,
2002.

种特殊的管理功能，它是一个社会组织用传播手段使自己与公众相互了解和相互适应的一种活动或职能。在组织与社会公众之间建立相互了解和信赖的关系，以取得理解、支持和合作，从而促进组织本身目标的实现。它本意是社会组织、集体或个人必须与其周围的各种内部、外部公众建立良好的关系。它是一种状态，任何一个组织或个人都处于某种公共关系状态之中。媒体作为传播媒介，除了商业和娱乐的功能外，同时兼具社会化功能。媒体为公众创建一个分享、合作、互动的公共空间，形成公众舆论，发展公民道德意志，从而确立公众与组织机构的交互联系。

二、公共关系的建立

联合国教科文组织属于专业技术性国际组织，其活动是预防性的，在时间上是中期的或长期的，并且是力图以中长期形式改变社会的深层结构的组织。因此，教科文组织的活动很少能对人们的日常生活产生立即的或引人注目的影响，很少受到媒体的关注，在公众中的印象也较肤浅。学术界对于教科文组织的研究也往往局限于其某一领域的活动，缺乏对教科文组织全面、系统的研究和论述。①然而，信息革命带来的是国家间软实力的较量，联合国教科文组织为增进世界人民相互了解和信任、推动不同文明交流互鉴方面做出了不懈努力。

2014年3月27日中国国家主席习近平在联合国教科文组织总部发表演讲时指出：文明因交流而多彩，文明因互鉴而丰富。文明交流互鉴，是推动人类文明进步和世界和平发展的重要动力。应该推动不同文明相互尊重、和谐共处，让文明交流互鉴成为增

---

① 周佳苗：《联合国教科文组织研究》，青岛大学，2007年。

进各国人民友谊的桥梁、推动人类社会进步的动力、维护世界和
平的纽带。

　　媒体作为当今世界最重要的信息传播通道和信息交流平台，其
本身的公益性、社会性特点与联合国教科文组织的宗旨不谋而合。
在 Web 2.0 时代，社会化媒体呈现出多样化的特点，在社会化过程
中发挥着重要作用。教育活动、买卖商品、咨询、信息分享等通过
社会化媒体得以完成。因此如何借助媒体，尤其是社会化媒体更好
地与媒体合作互动来发挥其应有的社会影响力，达成组织机构本身
的行动目的，实现他们所倡导的宗旨，建立起组织与公众的联系具
有重要意义。

第二节　联合国教科文组织与媒体的关系

　　正如许多政府间、非政府间组织与媒体的关系一样，联合国教
科文组织与媒体呈现出一种深度合作与互动。

　　与其他国际组织借助媒体传播自身理念及宗旨不同，传播是联
合国教科文组织成立之初就一以贯之的宗旨、任务和手段。1946 年
联合国教科文组织成立，其三大战略任务即"通过教育、科学、文
化和传播对全球化时代的和平和人类发展做出贡献"。根据这一战略
表述，联合国教科文组织的工作重心主要有五大领域：教育、自然
科学、社会与人文科学、文化、信息及传播，[①] 而传播与信息领域的
发展在于公众的参与。对公众的动员，媒体具有不可忽视的作用。

---

　　① 丛桂芹：《联合国教科文组织的世界遗产全球传播策略》，《遗产视野》2013 年
第 4 期，第 76 页。

联合国教科文组织作为信息交流中心，具有收集、转达、传播和交流其主管领域的信息、知识和先进经验的作用。其通过对媒体提供信息，从而提高公众的参与意识，获得更多的公众支持。在全球化、信息化的时代背景下，大众传媒的传播作用得到凸显。信息传播是联合国教科文组织的基本职能之一，促进知识的进步并予以传播，实现共享，这是教科文组织的重要任务，而媒体为联合国教科文组织更好地发挥这一职能提供了良好的媒介。

为在局势动荡中适应世界新形势，构想未来国际发展议程，联合国教科文组织出台的《联合国教科文组织中期战略（2014－2021年）》，开启了教科文组织"国际—区域—国家"三维度的纲领性框架及战略议程，在教育、科学、文化、传播及信息领域对未来8年做出了新一轮战略规划。① 由此可见，中期战略的目标聚焦于信息传播领域。教科文组织将通过扩展信息技术与媒介，推进包容、公平、开放、人人参与的知识社会建设，协助会员国应对信息、技术和数据增长带来的机会与挑战。首先，推进媒介发展，促进信息、知识、数据的广泛获取。媒介的多元化是实现民主治理和信息自由流通的重要途径。响应"提升公民媒介与信息素养"的倡议，教科文组织将大力发展各平台媒介建设，特别是知识驱动型媒介发展和最新、最具影响力的新闻教育计划，使人们能够自由地利用所有媒体，以寻求、接受、传递知识和信息，借助媒介参与决策并提供有效信息。其次，推动新闻自由，保护记者安全。言论和新闻自由应当推动人们享有各种人权，并成为良治和法治的生命线。

联合国教科文组织与媒体的紧密互动，与媒介的公共性特点是吻合的。媒介不仅为公众和联合国教科文组织搭建了一个可以相互

---

① UNESCO. Medium－Term Strategy. http：//www. unesco. org/new/en/bureau－of－strategic planning/resources/medium－term－strategy－c4/2015－11－01.

沟通的平台，更重要的是构建了一个教育、科技、文化、信息传播方面的公共领域，促进公众的广泛参与，从而促进社会的发展。同时，在联合国教科文组织与媒体的互动过程中，新闻自由的主题得到加强。

第三节　联合国教科文组织媒体传播机制

一、媒体传播

（一）传播机构

1. 言论自由和媒体发展部门

言论自由和媒体发展部门负责促进信息自由流动，由国际交流发展计划秘书处、言论自由部和媒体发展部组成。主要的任务包括通过相关活动动员政府、公共组织机构以及整个社会推进言论自由和新闻自由，例如庆祝世界新闻自由日活动等。此外，该部门依照国际认可标准协助教科文组织成员国在新闻自由和信息自由方面制定准则，同时负责监控记者的安全状况，制止有罪不罚现象。其中，有罪不罚被视为对记者的侵犯。此外，该部门负责为国际交流发展计划寻求国际支持。1980 年 9 - 10 月在贝尔格莱德举行的联合国教科文组织第 21 届大会上决定正式建立国际交流发展计划，总部设在法国巴黎。其宗旨是要建立一套经费来源体系，帮助发展中国家发展本国的交流事业（指新闻、广播、电视、出版及其他一切用于交流思想的手段和活动），克服目前发展中国家与发达国家之间在交流领域中的不平衡状态，以便建立一个"新的、更为公正和更为有效

的世界新闻和交流秩序"。① 此外，言论自由和媒体发展部门负责为
新闻从业者教育培训工作制定标准，同时，强化媒体在冲突、敏感
境况下开展包容性对话的角色。通过发展社区媒体，提高人们对媒
体和信息的认知能力，促进媒体多元化发展。言论自由和媒体发展
部门作为教科文组织媒体传播发展部门，为媒体传播提供了强有力
的支持。

2. 公众宣传局

联合国教科文组织设立公众宣传局作为教科文组织信息与交流
服务的主要运行机构，在联合国教科文组织媒体传播方面发挥着不
可比拟的作用。公众宣传局主要负责媒体关系（书面媒体和视听媒
体）、教科文组织出版项目、网站（www.unesco.org）的开发与协
调、编辑在线期刊《教科文组织信使》、组织文化活动（展览、演
出）、执行教科文组织名称和标识使用标准以及进行内部交流。公众
宣传局为整个教科文组织制订的宣传计划明确了各项优先主题，反
映出这些主题的各项活动、两年期的活动安排、希望达到的目标以
及使用的各种传播方式（互联网门户网站、媒体、出版物、活动
等）。② 其活动旨在向不同的公众群体宣传教科文组织的理念、项目
和成果，促进传播与本组织项目有关的知识、提高本组织的知名度
并促进其与公共和私营部门的合作关系。公众宣传局作为教科文组
织与公众的中间媒介，为两者的沟通和互动搭建了良好的平台。

（二）传播方式

传播是使互动成为可能进而使社会成为可能的工具，它和政治、
经济等一样都是社会的基本机制，此基本机制的社会职能部门是大
众传播媒介，它是促进社会充分互动的唯一权威组织，因此大众传

---

① http://baike.so.com/doc/6489382-6703089.html.
② http://www.unesco.org/new/en/unesco/resources/multimedia/.

播媒介具有职能权力。① 在现代社会，大众传播媒介是人们获得外界信息的主要渠道。联合国教科文组织也积极利用大众传播媒介来向全球传递信息。

大众传播指的是组织或者机构为了让自己的活动和开展的项目得到传播，借助大众传播渠道例如报纸、杂志、广播电视等向社会大多数成员传送消息、知识的过程。最初，这一定义仅指传播的单向过程，没有包括反馈。随着大众媒介的发展，尤其是以电子媒介为主，具体的包括官方网站、社交媒体、视频网站等，大众传播将成为双向过程。1945 年 11 月在伦敦发表的联合国教科文宪章中首先使用这个概念。根据马勒茨克（Gerhard Maletzke）的定义，大众传播是公开的、间接的、单向的，利用科技发送手段面向分散的群体。网络等新媒体的出现，改变了大众传播的单向性。美国传播学家Henry Jenkins 于 1992 年提出参与文化，即以 Web 2.0 网络为平台，积极主动地创作媒介文本、传播媒介内容，加强以网络交往为主要形式所创造出来的一种自由、平等、公开、包容、共享的新型媒介文化样式。大众传播由过去的输入传播方式逐渐转变成更注重交互，互动性成为网络传播的最显著特征。通过网络，人们可以更自主方便地检阅到自己所需资料，通过网络媒介建立起个人与个人、个人与社会的联系。

大众传播赋予人物、事件和社会活动以某种社会地位，起到社会控制中介作用，同时大众传播的发展为社会民主的实施提供了传播基础。文化是一项特殊的社会遗产，随着人类社会的进步，文化的传承也更加专业化，大众传播的手段和方式的进步，使得大众传播最终成为文化传承的重要载体。也因为如此，大众传播对于人类

---

① 倪虹:《大众传播媒介的权力》,《新闻与传播研究》1999 年第 1 期，第 22 页。

文化甚至文明的传承和发展有着重要意义。以世界文化遗产传播为例，联合国教科文组织积极利用大众传播媒介来传递遗产知识与信息。1996 年东京广播公司与世界文化遗产中心合作，利用电视、广播和其他媒体形式向公众传递《世界遗产公约》的真正价值，提升公众对世界文化遗产的保护意识。

联合国教科文组织采取大众传播模式，将整个世界呈现在人们眼前，加深了人们对教科文组织的认识，加强了两者之间的交流，促进了人类文明的发展。

（三）传播途径

网络的发展一方面使公众能够更为公正地获得公共领域的服务和内容信息，另一方面促进了信息的自由流动。在发展电子网络方面，联合国教科文组织侧重于颁布的政策和实施的战略能够运用最为适合的方法来实现不同社区、团体的具体需求。通过全球和区域网络，教科文组织力求社会的发展、民主的进步以及善治的实现。教科文组织致力于以一种互动和易于吸收的形式提供相关信息，从而提高公众和政府获取新知识和新技能的能力。区域信息网络、视觉实验室、知识社区及其他信息网络运用传统和多媒体技术提升教科文组织信息传播能力，这一举措也为全球合作提供了新的范例。

联合国教科文组织借助在线媒体很大程度上实现了在信息传播方面的职能。此外，联合国教科文组织积极利用社会化媒体，实现组织本身和公众、政府的即时互动。同时，建立起与媒体的良好互动关系，为联合国教科文组织宗旨与职能的实现提供条件。

1. 在线信息

印刷报刊和电视等大众媒体是联合国教科文组织对大众产生影响的主要途径。在线媒体目前正逐步缩小与这两种传统媒体的差异，成为联合国教科文组织媒体传播方面的重要载体。

联合国教科文组织很早就创办了官方网站（www. unesco. org），及时更新有关教育、科学、文化的内容，并汇聚相关的信息和资料，免费供使用者下载。联合国教科文组织官方网站凭借其优质、多样化的信息以及广泛的受众，已经成为本组织主要的信息工具。发展多语言内容仍然是在世界范围内增加门户网站使用人数的关键因素。联合国教科文组织将继续通过使用相关领域的最新技术发展门户网站，使其成为多媒体互动平台，以多种形式面向不同受众和群体发布信息。（1）联合国教科文组织制作与其在科技、教育、文化及信息传播领域相关活动的视频，并以许多不同的形式和语言展现出来。同时，教科文组织也会制作专门为电视所用的特定视频材料。（2）联合国教科文组织提供该组织在总部和世界范围内活动的照片，供人们免费使用。（3）电影和广播包含了联合国教科文组织自 1945 年成立以来的视听资料。

此外，联合国教科文组织的其他在线资源进一步提高媒体传播的效用。联合国教科文组织网上书店出售由教科文组织以英文、法文、西班牙文、俄文、阿拉伯文及中文出版的或教科文组织参与联合出版的商品。这些商品包括书、多媒体（DVD、光盘、VHS 录影带）、期刊以及专家使用的科学地图等。教科文组织数据库（UNES-DOC）中包括自 1945 年以来发表的超过 146000 份教科文组织文件全文以及教科文组织图书馆和总部外办事处和机构文献中心馆藏资源的元数据。联合国教科文组织图书馆提供收录在其他出版物中的有关联合国教科文组织当今和过去活动和项目的概况信息。为整个教科文组织，同时也包括对教科文组织主管领域感兴趣的普通大众提供参考、信息及研究服务。联合国教科文组织多媒体档案为公众提供与教科文组织相关的视听材料，例如文件、采访、演讲等，同时还提供对于所有官方函件、文件、出版物、多媒体和电子记录的登入访问。此外，随着信息的数字化进程，联合国教科文组织正致力于历史材料的数字化，通过实施历史档案的数字化项目，以期实现信息的高效传播。随着第一次历史素材数字化项目的完成，数小时的视听材料已经上线。新增添的内容大部分集中于多主题的新闻报道，这些新闻报道覆盖联合国教科文组织及其成员国在教育、文化、气候变化以及信息传播等主题下所采取的行动措施。

在线媒体的发展为联合国教科文组织的信息传播提供了充分条件。

2. 社会化媒体

网络信息的传播模式经历了以网站为核心的"大众门户"传播模式到以搜索引擎为基础的"定向索取"传播模式，再到以社会关系为传播渠道的"个人门户"传播模式。"个人门户"传播模式的技术基础是 P2P、RSS、Widget、Application、API 以及 SNS、微博等社会化媒体应用。[①] 社会化媒体是给予用户极大参与空间的新型在线媒体。它们建构于互联网技术上，核心理念是以人为本、开放、互动、分享和关系，赋予每个个体创造并传播内容的能力，使得大众门户的中心地位被削弱，每一个个体成为自己的传播中心，将人与媒体的关系实现从"信息中介"到"关系网络"的转变，从根本上改变社会参与的方式。[②] 联合国教科文组织的在线信息传播途径就处于网络信息传播模式的第一阶段和第二阶段。网站作为信息的采集者与聚合者，向需求各不相同的网民提供统一的"信息供给"，例如联合国教科文组织官网中媒体服务项包含的图片库、广播以及视频资料库等。随着社会化媒体的发展，联合国教科文组织也在不断探

---

① 彭兰:《从"大众门户"到"个人门户"——网络传播模式的关键变革》,《国家新闻界》2012 年第 10 期, 第 6 页。

② 童希:《社会性媒体的传播机制和社会影响》,《新媒体沙龙》2011 年 3 月。

索新的信息传播途径，开拓公众参与联合国教科文组织公共事务的新方式。

互联网的兴起使得舆论的空间正在缩小，但是其放大功能却在增强。联合国教科文组织积极利用新兴的自媒体，通过社会关系网络与外界相连。Facebook 是西方社会自媒体的典型代表，例如 facebook 和新浪中文官方微博，达到世界各国人民间教育、科学及文化的联系，促进实现联合国宪章所宣告的国际和平与人类共同福利的宗旨。由于自媒体的受众群体广泛，联合国教科文组织的信息得以在全球传播，公众关注度和参与度得到提升。

3. 媒体关系

媒体传播的顺利实施，需要教科文组织做好媒体公关，即通过协调组织与媒体的需求与价值取向，使双方的利益最大化，最大可能地达到组织的传播目标和媒体的信息报道需求。公众宣传局努力通过多种方式增加教科文组织的媒体曝光率，与媒体保持密切关系：向媒体发布关于本组织最重要行动的声明、新闻稿以及社论（多语言）；向记者提供关于规划优先事项的综述材料、照片素材以及相关报道；向电视台提供最能体现本组织成果的音像节目；在重大事件（提交报告、颁发教科文组织奖项）时，在总部和总部外组织说明会和新闻发布会，必要时动员本组织的名人合作伙伴（亲善大使、文学界和科学界名人）参加；在总部为会员国记者团举办新闻研讨会（与各全国委员会合作）。

联合国教科文组织通过与媒体建立关系，争取媒体对组织的理解和支持，形成对组织发展有利的舆论环境，实现组织与公众的沟通和联系。

以上可以看到，大众传媒以及联合国教科文组织在信息传播中合力。媒体传播的主要目的是通过关注最脆弱和最贫困的群体——

不发达国家、非洲、妇女、青年等与教科文相关的问题进行信息传播，引起全社会对教育、科学、文化以及信息传播意识的觉醒，促进公众参与进而影响政府做出相关决策，最终促使全社会形成合力推动教育、科技、文化事业稳定发展。

二、媒体发展

（一）主题项目

1. 社区媒体

社区媒体的主要特征是能够问责它们所服务的社区。它的出现是一系列社会运动的结果。这些运动力求在公众参与方面获得更大的空间，寻求所有权与运作的权利，免于政治或商业上的干涉。作为公共媒体和商业媒体的替代媒介，社区媒体参与扩大对具体特定问题的关注视角，促进公共讨论平台建设等社会议程。它们是社区持有和运作的媒体，独立于其他社会组织形式和商业控制。社区广播的数量在世界范围内呈现出增长的态势，它们建立一套完善的推广机制以满足偏远地区人们对教育、自我表达和沟通的迫切需求。社区成员和社区决策制定者参与社区广播的管理运行安排和内容。这种运作方式体现出社区成员对自身发展议事议程的所有权，进而加强社区自身公共表达的参与能力。

联合国教科文组织意识到社区媒体的出现是媒体多元化、内容多样化以及展现社会不同群体和利益的显著标志。社区广播鼓励公开对话，地方事务透明化，为无声者疾呼，为沉默者发声。社区媒体是一种在社区、为了社区、由社区运作的关于社区的媒体形式。社区可以是区域或地理概念上的城镇、村庄、区或是岛屿。它也可以是指具有共同利益的群体，而非限定在一定的地理区域。因此，社区广播可以由一个团体、多个团体或者是女人、孩子、农民、渔民、少数族群或老人等特定群体管控。社区媒体区别于其他媒体很重要的一点是公众在管理和计划方面的高参与度。单个社区成员和地方机构是社区媒体运作支持的重要来源。社区媒体的内涵与教科文组织的宗旨相契合。教科文组织支持社区媒体发展项目，一方面是其履行科学、教育、文化、信息传播领域职能的体现，另一方面有利于组织本身宗旨的实现。

2. 新闻从业者教育及培训

联合国教科文组织认识到有效彻底的新闻从业者教育及培训对于新闻业专业知识和道德的实践具有重大意义。如此，新闻业更能有效发挥促进社会民主化、推动对话开展和社会发展的作用。

专业的新闻媒体扮演着公共利益护卫者的角色。它是构成民主社会制衡的重要部分。通过向公众传播信息，新闻媒体使公众参与到社会发展进程中，同时加强了问责反馈机制的建立。在缺失重要信息和知识的情况下，公众无法履行和享有公民权。而这些信息的传播是经过良好训练的记者所应承担的责任。因此，社会有责任保证记者能够搜寻到信息并进行解读，对信息的判断应尽可能客观和公正，同时保证信息的完整性。新闻业的核心是新闻编辑室。它应该聚合和集结经过良好训练和具有批判性思维的记者，他们是有可能影响到民主化进程和社会发展的重要力量。新闻自由是民主和发展的基石，那么反过来一个训练有素的专业新闻团队则是新闻自由的基石。2002 年联合国教科文组织世界新闻自由奖获得者杰弗里（Geoffrey Nyarota）曾说过，如果没有记者的技能和专业性知识，新闻则不能在经济发展、民主、问责、透明化及制止公民权利滥用方面发挥应有的作用。

3. 媒体和信息素养

大众媒体和新技术的扩散带来了人类沟通过程和行为的决定性

变化。媒体和信息素养旨在向公众提供接触传统媒体和新技术所需的能力（知识、技能、态度），赋予公民权利。它包括以下元素或学习成果：了解媒体在民主社会的角色和功能；了解媒体可以实现其功能的条件；批判性地评估媒体内容；参与媒体的自我表达和民主议程；审查技能以产生用户生成内容。获得高质量的媒体和信息内容以及参与媒体和通信网络是实现《世界人权宣言》第 19 条的必要条件。这是其他所有权利的基础。

联合国教科文组织有长期提高媒体和信息素养的经验。1982 年的格伦沃尔德声明承认需要政治和教育系统促进公民对"沟通的现象"的关键理解。鉴于全球化和信息通信技术的爆炸，在 2007 年巴黎会议上格伦沃尔德声明得到来自世界所有地区的专家（信息、通信和媒体）、教育决策者、教师和研究人员、非政府组织代表和媒体专业人士在国际层面上的重申。这个为期两天的会议赋予联合国教科文组织巴黎议程新的生机，通过了媒体教育 12 条建议。认识到媒体素养和信息素养之间联系密切，联合国教科文组织重新定向其对待媒体和信息素养作为一个综合概念的策略。教科文组织支持一系列倡议，使媒体信息素养作为参与公民教育运动和终生学习的工具。由联合国教科文组织、联合国文明联盟于 2011 年共同发起的联合国教科文组织—联合国文明联盟媒介、信息素养与跨文化对话大会（MILID WEEK），旨在搭建一个全球交流平台，通过多种形式的活动，加强关于媒介与信息素养的合作研究，探索媒介与信息素养教育实践，促进公众的媒介参与，引导公众对媒介、媒介信息的思考与认识。

（二）国际合作

联合国教科文组织通过积极倡议确立世界新闻自由日、与其他国际组织共同筹办信息社会世界峰会论坛等进一步强调信息社会媒体传播以及媒体安全的重要性，从而为联合国教科文组织在科技、教育、文化及信息传播领域实现更为有效的媒体传播创造了良好的环境。教科文组织的目标之一即通过信息与传播，建立包容性的知识社会。公共图书馆，作为人们寻求知识的重要渠道，为个人和社会群体进行终身教育、自主决策和文化发展提供了基本条件，从而促进公众对社会以及民主发展的建设性参与。

1. 世界新闻自由日

媒体传播一方面促进公众参与社会事务，建立组织与公众的关系，另一方面由于受到信息自由的限制而不能得到有效的传播。即便在拥有信息自由法或法律规定的国家，记者可能也难以获取、理解以及随后使用原始数据或信息。[①] 男女有差别地获取信息以及按性别分列信息也是重要的问题。在数字时代，新闻自由面临越来越多的挑战：任意阻止在线信息的获取、限制或惩处网上言论以及任意侵犯数字隐私。这些发展动态影响着从事新闻工作的人、在网上表达自我的人以及通过多向流动间接接收网上信息的人。

世界新闻自由日源于教科文组织大会，由联合国创建，旨在提高新闻自由的意识，并提醒政府尊重和提升言论自由的权利。1991年联合国教科文组织大会题为"促进世界新闻自由的决议"，承认自由、多元化和独立的新闻是任何民主社会必不可少的组成部分。该大会向联合国大会转达教科文组织成员国关于宣布5月3日为"世界新闻自由日"的愿望。设立世界新闻自由奖，奖励在世界范围内为了维护新闻自由而做出杰出贡献的个人、组织或机构。每年的世界新闻自由日，媒体人、新闻自由组织以及联合国机构聚在一起共

---

① http://www.the guardian.com/news/datablog/2012/sep/20/open-data-journalism.

同探讨当前新闻自由的现状以及当前所面临的挑战的解决办法。① 每年会议的主题都聚焦新闻自由的议题。例如，2012 年"新的声音——媒体自由促进社会变革"，2013 年"予言论以安全：保护所有媒体的言论自由"，2015 年"让新闻事业兴旺发达，在数字时代朝着更好的报道、两性平等、媒体安全迈进"以及 2016 年"获取资讯和基本自由：这是你的权利!"。

新闻自由很大程度上决定着联合国教科文组织的媒体传播效度。正如教科文组织出版物《连接的自由，表达的自由》（2011）中的阐释："在表达自由被视为支持民主进程的基本的公民权利之一的范围内，为了确保公民能够以知情的方式进行投票并且能够通过公众监督问责于政府，信息自由是必需的。"世界新闻自由日的创建要求国际社会应形成有利环境，使新闻记者能够独立、免受干扰、安全地开展工作。让每个人的声音，特别是妇女的声音都能被听到，男女应平等参与新闻的制作和分享。

2. 信息社会世界峰会论坛

联合国举办信息社会世界峰会是联合国首次在峰会层面上就信息社会问题进行广泛讨论，并将信息通信技术提到了前所未有的高度。多数全球会议一般都讨论全球性威胁问题，而信息峰会是讨论如何利用信息通信技术这种全球资源来促进发展的独特会议，具有积极意义。联合国教科文组织作为重要的国际组织积极参与其中，借助信息技术的发展推动自身使命的实现。

2013 年 2 月 25 日"信息社会世界峰会 + 10"在巴黎的联合国教科文组织总部举行。各国政府部门、私营部门、非政府组织以及政府间组织的代表纷纷回顾 10 年来信息技术领域发生的重大变化，并

---

① https：//en. wikipedia. org/wiki/World_ Press_ Freedom_ Day.

就未来发展建言献策。这次峰会由联合国教科文组织主办，国际电信联盟、联合国开发计划署等协办。为期 3 天的峰会将涉及众多主题，如网络多语种发展、通信技术对生活的影响、信息和通信技术在学校中的作用以及互联网管理等。①

自由、独立且多元的媒体和新闻调查及新兴社交媒体和大数据对于实现可持续发展目标而言相当重要。这是 2016 年 5 月 4 日联合国教科文组织信息社会世界峰会论坛中 WSIS C9 媒体行动会议与会者所传达的强烈信息。与会者强调没有自由、独立且多元的线上及线下媒体，政府和公民都将无法获知重要的发展议题。社交媒体等平台和大数据等工具都有助于评估、掌握和实施可持续发展目标。展望后 2015 阶段 C9 媒体行动的实施，与会者指出的主要挑战有保护女记者安全、媒体集团集中化和国家安全法规排挤言论自由，并提及隐私、保密、新闻教育及媒体和信息扫盲等议题。② 与会者表示 C9 媒体行动仍应持续探索使媒体对可持续发展重要性最大化的综合方法。这将有助于制定媒体法规和管理框架，以便实现数字化时代自由、独立且多元的在线和线下媒体。

3. 公共图书馆

人们对社会以及民主发展的建设性参与，取决于人们所受良好教育和存取知识、思想、文化和信息的自由开放程度。公共图书馆是地区的信息中心，它向用户迅速提供各种知识和信息。每一个人都有平等享受公共图书馆服务的权利，而不受年龄、种族、性别、宗教信仰、国籍、语言或社会地位的限制。馆藏资料和图书馆服务不应受到任何意识形态、政治或宗教审查制度的影响，也不应屈服

---

① http://scitech.people.com.cn/n/2013/0226/c1057 - 20604775.html.

② https://www.itu.int/net4/wsis/forum/2016/Agenda/Session/114.

于商业压力。① 联合国教科文组织 1972 年（国际图书年）的报告就称："图书馆是公众得到图书最可靠的'媒介'，不管他们离国家的经济和文化中心有多远，也不用顾及单个阅读者的购买能力，这一点已经得到广泛认同。"②

建设和发展图书馆不仅是联合国教科文组织的所有阅读推广活动中必不可少的重要举措，通过与媒体合作以扩大活动的规模和影响力，更是加深了教科文组织的信息传播能力。

2006 年，为了鼓励图书馆在建设以人为本、综合性、面向发展的知识社会中发挥关键作用，同时作为实施信息社会世界峰会（WSIS）决议的一部分，联合国教科文组织（UNESCO）与国际图联（IFLA）建立战略联盟。该战略联盟特别关注世界范围内的新型数字图书馆与复合型图书馆服务的发展。"图书馆是确保广泛的信息存取与建立知识社会的关键参与者"，时任联合国教科文组织信息助理总干事阿卜杜尔·瓦希德·坎（Abdul Waheed Khan）说，"长期以来，我们期望与国际图联建立密切的伙伴关系，把信息社会世界峰会的理想付诸实际行动"。"通过提供信息和知识的存取服务，图书馆对实现知识自由发挥着重要作用"，国际图联主席亚历克斯·伯恩（Alex Byrne）说，"联合国教科文组织认为，知识型社会是建立在广泛的信息存取与表达自由之上的，我们相信，为了实现这一点，图书馆的贡献是必不可少的。"③

阅读是教育、学习、信息传播、文化传承的最重要的方式和途径。联合国教科文组织在公共图书馆建设中积极借助新的信息技术，

---

① 《联合国教科文组织公共图书馆宣言》（1994）。

② Anatomy of an International Year Book Year 1972 ［EB/OL］ ［2011 - 05 - 16］. http://unesdoc. unesco. org/images/0001/000122/012250eo. pdf, 转引自刘亮《联合国科文组织的阅读推广活动与图书馆》，《图书与情报》2011 年第 5 期。

③ http：//www. chnlib. com/News/yejie/3060. html.

开展与媒体的合作，加大媒体曝光度，不仅深化了教科文组织的理念，更着实加快了整个知识社会的构建。

第四节 联合国教科文组织媒体传播制约因素

在联合国教科文组织发展进程中媒体起到了重要作用，但是在两者合作过程中也存在着或多或少的问题，这些问题有些来自于联合国教科文组织自身的局限，有些存在于媒体本身的特性，阻碍了信息传播的有效进行。

联合国教科文组织的设立具有一定的理想主义色彩。最初的目的是通过教育、科学和文化的传播，实现联合国远大政治抱负。初期的联合国教科文组织其成分较为单纯，政治、教育、科学和文化的合作在几个大国的协作下还是可行的，后来随着会员国的增多和两极分化的加剧，这种协作变得越来越困难。[①] 在信息传播方面对联合国教科文组织的打击是 20 世纪出现的"新世界信息秩序"问题。第三世界国家对西方发达国家的信息传播系统非常痛恨，因为卫星通信的力量所产生的文化扩张对许多第三世界的政治现实构成了巨大的威胁。第三世界国家想利用新世界信息和通信组织与西方国家的通信系统相抗衡；与此同时，第三世界国家大都反对西方关于出版自由的观点，认为出版控制和书刊检查的政府控制是必须的，而新世界信息和通信组织正是这种观点的产物。毫无疑问，联合国教科文组织内部的危机阻碍了信息的有效传播，与教科文组织的宗旨

---

① 周佳苗:《联合国教科文组织研究》，青岛大学，2007 年。

背道而驰。

在信息流通上面，联合国教科文组织主要还是采取传统上的线性模式，即"发送者—信息—接收者"。然而科技的发展建构起新的媒介生态环境，这就要求组织机构建立起新的传播样式。有别于传统的大众传播模式，霍尔提出新的编码—解码模型（如图7.1）。事物本身没有意义，意义生产依靠于诠释的实践，而诠释又靠我们积极使用符码——编码，将事物编入符码——以及靠另一端的人们对意义进行翻译或解码来维持。[①] 霍尔认为意义不是发送者"传递"的，而是受众"生产"的。将受众纳入到主体间传播关系之中，文化因素也随之介入整个传播过程。因此，联合国教科文组织在实施媒体传播方面要改变传统的线性理解，充分考虑文化惯例和社会背景等因素，利用新兴媒体达到组织与公众的良好互动。

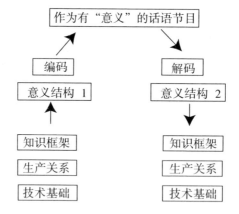

图7.1 编码—解码传播结构图

此外，由于媒体本身的特点，对信息传播的有效性造成一定的

---

① Stuart Hall, Representation: Cultural Representations and Signifying Practices, Sage Publications, 2002.

影响。媒体的特点是永远在寻求着新的主题，尤其是当今的新媒体。在信息碎片化的时代，即使是十分重要的主题，在一段时间之后，大众媒体也会将它忽视。而联合国教科文组织的工作议题都是长期的，比如教育很难在短的时间有新闻由头，教育宣传很难在短期有较大范围的宣传效果。同时，媒体传播呈现出不均衡的特点。媒体对教育领域的关注度要大于对科技和文化领域的关注度。报道的不均衡造成信息的缺失，不利于教科文组织目标宗旨的实现。就社会化媒体而言，虽然其发展一定程度上确立了新的话语中心，但由于自身特点的限制，在实现信息的有效传播方面具有一定的难度。在非政府组织利用自媒体传播的研究中，学者已指出利用自媒体传播的限制因素。自媒体（特别是微博）的发展为非政府组织提供了信息发布，提高社会影响力的新空间。然而，不同的非政府组织在微博空间所发布的信息具有不同的扩散水平，因此具有不同的微博影响力。由于微博等社会化媒体的使用成本较低，非政府组织的合法性资源（如社群声望、已注册、已认证等）是影响组织的微博社会影响力的关键因素。[1] 虽然联合国教科文组织在合法性方面能够保证一定的粉丝数量，然而信息爆炸和机械复制时代带来的是现代社会公众对信息态度的转变，要求人们有一种特定的接受，它不再与自由玄想的静观沉思相符合。[2] 人们更趋向于关注轻松、娱乐性更高的信息，例如娱乐报道和体育报道。在这一点上，联合国教科文组织的严肃性得到损害。教科文组织如何利用社会化媒体进行有效传播仍然有很长的路要走。

---

① 黄荣贵、桂勇：《非政府组织的微博影响力及其影响因素——以环保非政府组织为例》，《学习与探索》2014 年第 7 期，第 38 页。
② 瓦尔特·本雅明著，王才勇译：《机械复制时代的艺术作品》，中国城市出版社2001 年版，第 19 页。

　　联合国教科文组织成立本身便希望通过传播达成全球参与，促进不同文化和文明的相互尊重和交流。而媒体作为沟通组织与公众的媒介，对公共关系的形成具有重大作用。联合国教科文组织通过设立相关传播部门开展组织信息传播。同时，大力支持相应媒体发展项目，开展新闻从业者教育和培训，提升媒体素养，积极展开国际组织间合作，从而为教科文组织媒体传播的顺利进行提供支持。正是由于在信息化的时代积极采取各种传播途径，联合国教科文组织才作为国际教育、科技、文化、信息传播领域的领路人，带动全球范围内教育、科技和文化的发展浪潮。

参考文献

一、中文参考文献

安东尼·吉登斯：《社会学》，北京大学出版社 2003 年版。

常师潭：《联合国教科文组织的科普工作》，《全球科技经济瞭望》1996 年第 4
期，第 26 页。

程琳、朱晓原、何惠、刘志雨、余达征、朱传保：《国际水文合作与教育培
训》，《水文》2006 年第 3 期，第 81 页。

丛桂芹：《联合国教科文组织的世界遗产全球传播策略》，《遗产视野》2013 年
第 4 期。

杜越：《联合国教科文组织与全球教育治理》，《全球教育展望》2011 年第
5 期。

联合国教育、科学及文化组织：《女童和妇女教育国际研讨会总结报告》，北
京，2016 年 6 月 4-7 日。

豪尔赫·A. 切斯·科尔德罗：《文化遗产：文化与法律文集》，常世儒等译，
文物出版社 2014 年版，第 255 页。

刘敦一、董树文．：《国际地学计划（IGCP）——中国地学与世界互动的平
台》，《地质论评》2012 年第 3 期。

刘红婴：《世界遗产法》，北京大学出版社 2008 年版，第 29 页。

刘铁娃：《霸权地位与制度开放性：解释美国对联合国教科文组织影响力的演
变》，《国际论坛》2016 年第 6 期。

倪虹:《大众传播媒介的权力》,《新闻与传播研究》1999 年第 1 期。

彭兰:《从"大众门户"到"个人门户"——网络传播模式的关键变革》,《国家新闻界》2012 年第 10 期。

童希:《社会性媒体的传播机制和社会影响》,《新媒体沙龙》2011 年。

余永达:《国际组织》,清华大学出版社 2011 年版,第 29 - 31 页。

瓦尔特·本雅明著,王才勇译:《机械复制时代的艺术作品》,中国城市出版社 2001 年版。

王虎华:《国际公法学》(第 4 版),北京大学出版社 2015 年版,第 408 - 412 页。

薛澜、俞晗之:《政策过程视角下的政府参与国际规则制定》,《世界政治与经济》2012 年第 9 期。

张贵洪:《国际组织与国际关系》,浙江大学出版社 2004 年版,第 67 - 81 页。

《政府间海洋学委员会基本情况》,《海洋科技资料》1975 年第 7 期。

二、英文参考文献

Broom, G. M., Casey, S., & Ritchey, J., Toward a concept and theory of organization-public relationships, *Journal of Public Relations Research*, 9 (2), 1997.

David Pitt& Thomas G. Welss, *The Nature Of The United Nations Bureaucracies*, Boulder Colorado: Westvien Press, 1986, p. 118.

Grunig, J. E., & Dozier, D. M., *Excellent public relations and effective organizations: a study of communication management in three countries*, Mahwah, NJ: Routledge, 2002.

International Basic Sciences Programme: Harnessing cooperation for capacity building in science and the use of scientific knowledge, UNESCO Natural Sciences Sector Division of Basic and Engineering Sciences, 2008.

Margaret Sutton, UNESCO's Role in Global Educational Development, Vol. 51, No. 2 (May 2007), pp. 229 - 245.

Seeger Anthony, *Understanding UNESCO: A Complex Organization with Many Parts and Many Actor*, *Journal of Folklore Research*, Vol. 52 Issue 2/3, May - Dec2015.

Stuart Hall, *Representation*: *Cultural Representations and Signifying Practices*, Sage Publications, 2002.

United Nations Educational, Scientific and Cultural Organization, *Global Education Monitoring Report* 2016 – *Education for People and Planet*, *Creating Sustainable Futures for All*, UNESCO 978/92/3/100167/3, 2016.

United Nations Educational, Scientific and cultural Organization, Basic Texts 2016 Edition.

三、网络资料

http：//www. unesco. org/new/zh/unesco/themes/major – programmes/education/

http：//www. unesco. org/new/en/natural – sciences/about – us/about – us/

http：//www. unesco. org/new/en/natural – sciences/about – us/how – we – work/in-stitutes – centres/

http：//www. unesco. org/new/en/natural – sciences/science – technology/sti – poli-cy/a – brief – history – of – unescos – science – policy – programme/

http：//www. unesco. org/new/en/natural – sciences/environment/ecological – sci-ences/man – and – biosphere – programme/awards – and – prizes/sultan – qaboos/

http：//www. chnlib. com/News/yejie/3060. html

http：//scitech. people. com. cn/n/2013/0226/c1057 – 20604775. html

https：//www. itu. int/net4/wsis/forum/2016/Agenda/Session/114

http：//www. the guardian. com/news/datablog/2012/sep/20/open – data – journal-ism

https：//en. wikipedia. org/wiki/World_ Press_ Freedom_ Day

http：//www. unesco. org/new/en/unesco/resources/multimedia/

http：//baike. so. com/doc/6489382 – 6703089. html